AF592147

LA

TRAITE DES VIERGES

A LONDRES

OUVRAGES DU MÊME AUTEUR

ÉCONOMIE POLITIQUE

L'Inventeur. 1 volume in-8°. 1866. (Librairie Lechevallier.)

La Science économique. 1 vol. in-12, avec 57 graphiques, *Bibliothèque des Sciences contemporaines.* (Librairie C. Reinwald.)

Le Travail et les Traités de commerce. Conférence avec graphiques. 1879. (Librairie Guillaumin.)

Dialogue entre John Bull et George Dandin sur le traité franco-anglais. Brochure in-18. 1881. (Librairie Guillaumin.)

Adresse de la Ligue des contribuables et des consommateurs aux électeurs départementaux. In-4°. Juillet 1883.

Cherté ou Bon Marché. Discours de M. Yves Guyot au Conseil général de la Seine, les 24 et 26 mars 1884. (Librairie Guillaumin.)

Lettres sur la politique coloniale. 1 vol. in-12, avec carte et graphiques. 1885. (Librairie Reinwald.)

QUESTIONS MUNICIPALES

La Suppression des octrois et le Conseil municipal de Paris. Brochure in-18, avec graphiques. 1883. (Librairie Guillaumin.)

L'Organisation municipale de Paris et de Londres. Brochure in-18, avec 6 graphiques. 1883. (Librairie Marpon et Flammarion).

PHILOSOPHIE

Études sur les Doctrines sociales du Christianisme. In-18. (Librairie Marpon et Flammarion.)

La Morale. *Bibliothèque matérialiste.* 1 vol. in-18. (Librairie O. Doin.)

ÉTUDES DE PHYSIOLOGIE SOCIALE

La Prostitution. In-18. (Librairie Charpentier.)

La Police. In-18. (Librairie Charpentier.)

HISTOIRE

Histoire des prolétaires. 1873. (En collaboration avec Sigismond Lacroix.) (Librairie Brouillet.)

La France du Centenaire. 1789-1889. (En préparation.)

ROMANS

La Famille Pichot. In-18. (Librairie Rouff.)

Un Fou. In-18. (Librairie Marpon et Flammarion.)

Un Drôle. In 18. Id.

TRADUCTIONS AUTORISÉES

Studien über die gesellschaftlichen Lehren des Christenthums, par Bebel, député au Reichstag.

Prostitution under the regulation system french and english, par le docteur Edgar Beckit Truman.

Principles of social economy, par M. C. A. d'Eyncourt Leppington.

ÉTUDES DE PHYSIOLOGIE SOCIALE

LA TRAITE DES VIERGES A LONDRES

PAR YVES GUYOT

LA CAMPAGNE DE LA « PALL MALL GAZETTE »
SES CONSÉQUENCES — LE « CRIMINAL LAW AMENDMENT »
LA QUESTION DES MINEURES EN FRANCE
ET EN BELGIQUE
LES « CONTAGIOUS DISEASES » ET LA POLICE DES MOEURS

PARIS
G. CHARPENTIER ET Cie ÉDITEURS
13, RUE DE GRENELLE, 13

1885

INTRODUCTION

I. Chauvin et *la Pall Mall Gazette.* — II. Le comité pour la suppression de la traite. — III. L'affaire Jeffries. — IV. *La Pall Mall Gazette* et M. Stead. — V. La manière dont a été faite l'enquête. — VI. Le fruit défendu. — VII. Babylone et le Minotaure.

I

Chauvin vient d'avoir une grande satisfaction.

— *Les scandales de Londres! Les scandales de Londres!*

Oui, il a entendu crier ces mots; et les *scandales de Londres* étaient dénoncés par qui? par un journal anglais, *la Pall Mall Gazette.*

Chauvin rutilait :

— Entendez-vous! ils avouent eux-mêmes!

Chauvin se recarrait dans sa vertu et dans son col à la Joseph Prudhomme. Il prenait l'air dégagé d'un immaculé sans prétention, « tandis que les Anglais, avec leur *cant*, leur *shocking*, ils en font de belles! »

Il y a un siècle, Beaumarchais résumait toute la langue anglaise dans le mot *goddam*. Aujourd'hui, Chauvin, qui déteste surtout les étrangers parce qu'il a la paresse d'apprendre leur langue et la volonté de ne pas les connaître, ne connaît qu'un mot anglais :

— *Shocking!*

Je vais me faire un ennemi mortel de Chauvin ; mais la vérité avant tout! *Amicus Plato, sed magis amica veritas!* Eh bien! *shocking* est inconnu en Angleterre. Il ne se prononce que de ce côté-ci du détroit. Quand les Anglais veulent le traduire, ils disent :

— *Improper!*

Les révélations de *la Pall Mall Gazette* ont été *improper* : ce n'est pas douteux.

— Eh bien! soit, *improper!* a dit Chauvin.

Et, immédiatement, il a considéré que les articles du journal anglais constituaient pour lui la revanche de Crécy, d'Azincourt, de Poitiers, d'Aboukir, de Trafalgar et de Waterloo.

Ne le voit-on pas, chaque année, au grand prix de Paris, incarner son patriotisme dans un cheval né de sang anglais, monté par un jockey anglais, et qui n'a de français que l'état civil de son propriétaire?

Si ce n'était que pour donner l'occasion à Chauvin de jucher sa vertu sur les vices de la perfide Albion, je n'associerais pas mon nom, devant le public français, aux révélations susdites.

Je méprise les misérables querelles de peuple à peuple, les accusations réciproques que des imbéciles se lancent à la tête des uns des autres, comme les héros d'Homère se lançaient des injures, avant de se lancer leurs javelots respectifs.

Or, je redoute ces préliminaires qui peuvent aboutir aujourd'hui à des échanges d'obus et de torpilles.

Je veux la fraternité entre les peuples comme

entre les hommes; car, les peuples ne sont composés que d'hommes. En compatriote de Panurge, enfin, j'ai horreur des coups, avec cette différence, toutefois, que j'en ai encore plus horreur pour Dumanet, qui les reçoit toujours en première ligne, que pour moi-même.

La campagne de *la Pall Mall Gazette* soulève des questions plus hautes.

Elle complète mes études sur le problème de la *Prostitution*, redoutable parce qu'on refuse de procéder à son égard avec la méthode, le sang-froid, le désintéressement, l'absence de passion et de préjugés que le physiologiste apporte à l'étude des phénomènes de l'organisme.

Les faits révélés par le journal anglais forment un document de premier ordre dans la vie sociale du XIXe siècle. Voilà pourquoi je crois utile de le mettre en pleine lumière, en l'encadrant dans tous les renseignements susceptibles d'en faire apprécier l'exacte valeur.

II

Le Comité pour la suppression de la traite

Quelques détails sur la position de la question, si mal connue en France, ne sont pas inutiles.

En 1879, M. Alf.-S. Dyer, libraire à Londres, révélait, par la voie de la presse, certains faits relatifs au trafic des jeunes filles anglaises pour le ravitaillement des maisons de tolérance sur le continent.

M. Dyer et ses collaborateurs se constituèrent en comité, pour la suppression de la traite des blanches, sous la présidence de M. Benjamin Scott, chamberlain de la cité de Londres, afin de poursuivre cette affaire par tous les moyens légaux, en dépit des autorités bruxelloises, qui s'efforçaient de l'étouffer par le silence et par la calomnie.

Après des procès retentissants qui aboutirent à la condamnation de treize proxénètes ou tenanciers de maisons de tolérance, la démission du bourgmestre, du commissaire de police en chef, du chef de la police des mœurs (1), le comité de Londres résolut de poursuivre son œuvre.

Dans une requête adressée le 17 août 1880 au comte Grandville, alors ministre des affaires étrangères, le comité de Londres demandait « que les lois anglaises et belges fussent modifiées de telle manière qu'il devînt impossible, à l'avenir, qu'une femme sujet de Sa Majesté la reine, pût être privée de sa liberté par tromperie ou par force, et retenue prisonnière pour les fins les plus avilissantes. »

La Chambre des lords adopta à l'unanimité, le 30 mai 1881, une motion de lord Dalhousie pour la nomination d'une commission chargée d'examiner l'état de la législation anglaise, relativement à la protection des jeunes filles, et de proposer les mesures d'amélioration dont l'expérience démontrait la nécessité.

(1) V. Yves Guyot, *La Prostitution.*

Des agents furent expédiés sur les lieux : le système de la traite de jeunes filles entre l'Angleterre, la Belgique et la Hollande fut confirmé avec d'odieux détails qui furent consignés, en juillet 1883, dans un volumineux rapport (1).

Lord Dalhousie, qui est un homme de très bonnes intentions, mais qui a le défaut de croire un peu trop dans la vertu de la répression, pour corriger les vices des autres, proposa à la Chambre des lords un projet de loi connu sous le nom de *Criminal Law Amendment* (2).

Il demandait que l'âge pendant lequel les jeunes filles doivent être légalement protégées fût élevé ; que le fait de livrer à la prostitution une femme d'un âge quelconque ou de la faire entrer dans une maison de débauche, fût considéré comme un acte criminel, et que le tenancier du local où se perpètre le délit pût être poursuivi ; enfin que le racolage sur

(1) V. Yves Guyot, *La Prostitution.*
(2) Voir le texte plus loin.

la voie publique pût être réprimé d'une manière plus effective.

Ce bill fut adopté par la Chambre des lords. Il n'avait pas encore été soumis à la Chambre des communes, lorsque survint la chute du ministère Gladstone. Le bruit courut que le nouveau cabinet se refusait à le présenter au Parlement.

III

L'affaire Jeffries

Sur ces entrefaites, le Comité de Londres parvint à faire poursuivre Mme Marie Jeffries, veuve, âgée de soixante-cinq ans, la reine des proxénètes. Elle menait grand train; elle avait équipage et tirait ses rentes de dix ou douze maisons de prostitution, dont deux se trouvaient dans Church street, aux numéros 155 et 70, à Chelsea.

Grâce à l'influence de ses protecteurs, la

femme Jeffries se croyait inattaquable et s'en vantait ouvertement.

Le 2 avril, la prévenue comparaissait devant le tribunal de police de Westminster. Elle avait pour avocat M. Montagu Williams qui, précédemment, avait déjà plaidé en faveur d'une femme de Folkestone, accusée d'avoir fait disparaître mystérieusement une petite servante, dont on n'a plus jamais entendu parler.

M. l'avocat Besley était chargé de soutenir l'accusation au nom du Comité de Londres.

Lorsque Marie Jeffries fut introduite, un clerc s'avança poliment et l'invita à s'asseoir non au banc des accusés, mais sur une chaise qu'il lui offrit galamment.

L'audition des témoins, le 2, le 10 et le 16 avril, révéla de nombreux faits de proxénétisme. Nous nous bornerons ici à mentionner la déposition d'un ancien cocher de l'accusée, qui n'a pas gardé le secret professionnel, et celle d'un agent de police.

Le premier conduisait souvent la femme Jeffries soit chez les « ladies » qui fréquentaient ses maisons, soit dans une demi-douzaine de clubs, parmi lesquels le *Marlborough* et le *Navy and Anny*, où elle déposait des lettres pour des « gentlemen ».

Un jour, dans Hyde Park, la femme Jeffries dit à ce cocher qu'elle expédiait fréquemment des jeunes filles à un homme occupant la plus haute des situations en Belgique, et qu'elle recevait, par mois, 800 liv. sterl. (20,000 fr.) pour ce service; je prends ce chiffre dans un journal : mais si c'est celui que la femme Jeffries a réellement prononcé, je crois qu'elle était digne d'être née sur les bords de la Garonne.

Déjà, un procès célèbre nous avait appris, à Paris, que le roi des Belges aimait les blondes.

On parla aussi d'un autre personnage de sang royal, dont il avait été déjà question, également à Paris, dans l'aventure de Mme Sancerre, au café du quai d'Orsay.

Un agent de police, Minahan, fit un témoignage qui prouvait de sa part, plus de perspicacité, que de discrétion.

En opérant ses rondes dans *Church street*,

il remarquait des cabs qui stationnaient fort longtemps à la porte des maisons de Mme Jeffries.

Il entra en relation avec el'), et, en personne sûre d'elle-même, elle le prévint qu'il était inutile de la surveiller et de la tracasser; qu'elle avait pour clients des personnages qui la mettaient à l'abri de tout ennui.

Elle l'écrasa, du reste, sous la grandeur de ses opérations, comptant sans doute sur le respect que tout bon Anglais doit avoir pour un *prince merchant* : elle lui énuméra les huit maisons qu'elle avait à Londres, et ajouta qu'elle était en relations d'affaires avec Paris, Bruxelles et Berlin.

Elle finit en lui offrant un souverain (25 fr.) : Minahan refusa.

— Vous êtes un sot, lui dit-elle. Vos collègues ne sont pas si bêtes!

L'inspecteur ne tarda pas à s'apercevoir que l'opinion de Mme Jeffries était justifiée; il fit son rapport sur cette conversation : son chef en parut désagréablement surpris; ses collègues se moquèrent de lui. Le carnet dans lequel il avait consigné ses notes fut soustrait dans son pupitre, au bureau de police. On lui fit toutes sortes de tracasseries : on le fit descendre du rang d'inspecteur à celui de brigadier. Il fut forcé de donner sa démission et de perdre ainsi ses droits à la retraite.

Après l'audition des témoins, le juge, M. d'Eyncourt, prononça le renvoi de l'accusée devant les assises de Middlesex, et comme elle n'avait pas sous la main les 5,000 francs de caution ni les deux répondants exigés pour autoriser sa liberté provisoire, M. d'Eyncourt la rassura, en disant qu'il ne désirait nullement la retenir, et qu'il attendrait jusqu'au lendemain.

A l'issue comme au début de cette enquête préliminaire, Mme Jeffries a été traitée avec tous les égards dus à son sexe, sinon à sa profession. Il est fâcheux que les magistrats ne les observent pas toujours.

Le 5 mai, la « noble » procureuse comparaissait devant le jury de Middlesex, et cette fois encore on put s'apercevoir que tout avait été arrangé en sa faveur et de manière à donner le moins de publicité possible aux débats.

Comme le huis clos n'existe pas en Angleterre, des agents postés à la porte du tribunal s'efforçaient, sous divers prétextes, d'éloigner la foule, l'un d'eux affirmant que la salle était déjà comble, l'autre qu'il avait ordre de ne laisser entrer personne.

Ce ne fut qu'avec les plus grandes difficultés qu'un membre du comité de Londres put pénétrer dans la salle avec deux représentants de la presse.

A leur grande surprise, ils s'aperçurent qu'ils étaient complètement seuls dans l'enceinte réservée au public.

Ils furent alors témoins d'un fait étrange : l'avocat de la proxénète demanda à l'avocat du Comité de Londres d'avoir avec lui « un entretien particulier », et le juge, M. Edlin, s'enferma pendant une demi-heure avec ces deux messieurs.

Que s'est-il passé au cours de cette consultation secrète, dont il n'existe pas de précédent dans les annales judiciaires de l'Angleterre ? On le devine, il s'agissait de trouver quelque moyen pour étouffer l'affaire. « Grâce à la trahison de l'avocat du Comité de Londres », disent les membres du Comité, on réussit à s'entendre, et sur un mot de M. Montagu Williams, il fut passé outre à l'audition des témoins, de manière que ni les charges déjà apportées devant le tribunal de Westminster, ni les nouvelles preuves rassemblées par le Comité de Londres, ne purent être exposées devant le jury.

L'avocat du Comité de Londres, qui devait soutenir l'accusation, fit en réalité l'apologie de la personne qu'il était chargée de poursuivre, et M. Williams n'eut pas de peine à démontrer que la femme Jeffries était une victime de la rapacité de la police, du chantage de domestiques et de filles et de la méchanceté des puritains. Du reste, elle se montra digne de sa réputation : elle plaida coupable pour ne trahir le secret d'aucun de ses clients et couper court à toute enquête ultérieure. Elle fut condamnée à payer 200 livres (5,000 francs) d'amende, à fermer deux de ses maisons, à déposer 400 livres et à fournir deux cautions de 200 livres, comme garantie de sa bonne conduite pendant deux ans.

Elle dut s'écrier : — Le bon billet qu'a La Châtre ! Pour elle, le mot était doublement classique.

Le procès eut un immense retentissement, moins encore par ce qu'il avait appris positivement, que par les rumeurs qu'il avait soulevées.

De même qu'à propos de l'affaire de la rue Duphot, sur le fonctionnaire chargé spécialement « du maintien de l'ordre et des bonnes mœurs » avait couru la légende de M. « Mystère », de même courut une légende semblable sur un membre du cabinet, qui n'était ni M. Gladstone, ni le ministre des affaires étrangères, ni chancelier de l'échiquier, ni lord de l'Amirauté, ni ministre de la guerre.

La *Sentinel*, organe du mouvement de la *Social purity*, dans son numéro de juin 1885, donna les noms de quelques clients : lord Fyfe, lord Douglas Gordon, lord Lennox, lord Aylesford, sir William Eaton, the hon. Tirwith Wilson, le consul Hewett, le roi des Belges et le prince de Galles.

Le journal envoya le numéro à chacun de

ces personnages, en leur demandant une rectification ; soit par dédain, soit pour un autre motif, aucun n'a accusé réception de cet envoi.

Le 15 juin, une importante réunion composée exclusivement d'hommes, était convoquée à Whitehaven pour entendre un rapport de M. James-B. Wookey, sur le trafic des jeunes filles anglaises, soit dans le royaume-Uni, soit sur le continent. Les faits cités dans ce rapport produisirent une vive sensation.

La motion suivante, destinée à lord Salisbury, fut adoptée à l'unanimité par l'assemblée :

« Le meeting d'hommes de Whitehaven considère, comme un outrage aux droits du pauvre, le fait que cinq ans et demi après la constatation du trafic international des filles anglaises, et trois ans après le rapport de la Commission de la Chambre des lords sur ce même sujet, le gouvernement anglais n'ait pris aucune mesure positive pour mettre fin à la subornation d'êtres humains, de filles des classes ouvrières pour le service de la débauche sur le continent. Ce même meeting vous engage respectueusement à user de votre influence pour provoquer l'adoption immédiate de mesures efficaces. »

L'opinion était préparée. Alors intervint *la Pall Mall Gazette*, avec son flair habituel pour saisir le moment psychologique.

IV

La « Pall Mall Gazette » et M. Stead

La Pall Mall Gazette est un journal du soir, de 16 feuilles, ayant l'apparence, quoique quotidien, d'un de ces *weekly papers*, journaux hebdomadaires, avec lesquels les anglais essaient de combler le vide pieux de leurs dimanches.

Elle a eu pour directeurs des hommes éminents, entre autres, M. John Morley, aujourd'hui membre du Parlement pour Newcastle, et qui doit nous inspirer, à nous Français, une sympathie toute particulière pour ses études sur notre dix-huitième siècle. Il a consacré des volumes à Voltaire, à Diderot, à Rousseau, et a présenté au public anglais ces penseurs, dégagés des préjugés qui les entourent encore, quoique la statue de Voltaire soit en tête de la galerie des grands hommes au *Crystal palace*, tandis qu'en France on chercherait en vain, dans un lieu public, la statue de Shakespeare.

Le successeur de M. John Morley, le directeur actuel de *la Pall Mall Gazette*, M. Stead, n'a pas les mêmes sympathies pour les idées françaises. Il les ignore. Il ne lit ni ne parle le français, tandis qu'il sait l'allemand. C'est un anglais du Nord, nourri de la Bible et non de Voltaire. Il a la réputation, en Angleterre, d'être un grand écrivain : on trouve un certain souffle dans ses articles, avec des entassements de métaphores bibliques et d'évocations mythologiques qu'en France, nous appellerions du galimatias triple. Mais nous n'avons pas le même intellect, nous n'avons pas subi la même éducation, le même entraînement religieux et classique. Nous craignons de sembler des prédicateurs ou de passer pour des cuistres. Les Anglais et les Allemands ont une grande supériorité sur nous : ils n'ont ni le sentiment ni la peur du ridicule.

M. Stead va droit devant lui avec une énergie, une activité, une initiative qui provoquent l'admiration un peu jalouse de ses confrères. De temps en temps, il sait lancer de ces pétards qui font sursauter toute l'Angleterre. Ce fut lui qui eut, avec Gordon, à Southampton, cette fameuse conversation qui envoya le général à la mort, engagea l'Angleterre dans l'expédition du Soudan et fit mourir tant d'officiers et de soldats pour le délivrer, alors qu'il eût été si simple de ne pas commencer par le livrer !

La politique qui fait bouillonner le sentiment public, le soulève tout d'un coup, comme une soupe au lait, n'est pas celle qui produit les résultats les plus utiles.

Mais M. Stead a un autre point de vue. Il part de ce principe : que parmi les questions qui se produisent chaque jour, il y a toujours un ou plusieurs hommes qui connaissent celle-ci ou celle-là, beaucoup mieux que ne pourrait le faire le journaliste le plus avisé, obligé de les étudier au pied levé.

Alors il prend cet homme ou ces hommes pour collaborateurs. Il va le voir ou les fait voir. C'est le système de l'*interview* à sa plus haute expression; et je dois déclarer que M. Stead est le maître des *interviewers*.

L'année dernière, à Londres, au mois de juillet, j'eus l'honneur de recevoir une lettre de lui, me demandant une *interview*. Rendez-vous fut pris. L'entrevue eut lieu, puis fut suivie d'un lunch. Elle avait précisément pour objet la *Prostitution et la traite des blanches*. C'est une preuve que la dernière campagne de M. Stead n'a pas été complètement improvisée : cette question le préoccuppait déjà depuis au moins une année.

M. Stead éprouva une certaine difficulté pour comprendre certains détails administratifs français. Jamais la position respective de la Préfecture de police et du Conseil municipal ne me parut aussi ridicule que lorsque je dus essayer de la lui expliquer. Il me posait des pourquoi et des comment, à n'en plus finir.

— Alors la ville de Paris paye la police et n'a pas le droit de contrôler ses actes? Alors le conseil municipal peut rejeter le budget, et on le rétablit? Alors tout le budget se compose de dépenses obligatoires, et cependant le conseil municipal le discute? Alors le conseil municipal peut demander des modifications dans tel et tel service, et le préfet de police n'a pas à en tenir compte? Cependant le préfet de police et le conseil municipal discutent ensemble, mais seulement quand cela plaît au préfet de police? Mais alors pourquoi discuter? »

M. Stead était un terrible juge d'instruction. Il me tirebouchonnait de la manière la plus désagréable pour « l'administration que le monde nous envie. » J'avais beau lui expliquer, il ne comprenait pas : mon chauvinisme se révoltait, et cependant au fur et à mesure que je cherchais à lui expliquer, j'étais obligé de comprendre moi-même que c'était inexplicable.

M. Stead ne me laissait pas de répit; il me poursuivait d'équivoque en équivoque. Mon patriotisme fut vaincu dans ce jeu de cache-cache; et je ne trouvai qu'un seul moyen de sauver l'honneur national. Ce fut de le mettre, devant ce chrétien, sous le couvert de saint Paul; et à mon tour, je le clouai par ces mots :

— *It is, quia absurdum.* Cela est, parce que c'est absurde.

Je voudrais bien savoir si les partisans de l'organisation actuelle de la Préfecture de police, interrogés par M. Stead, auraient une autre réponse à lui donner.

A cette puissance, à cette habileté, à cette méthode d'investigation, M. Stead joint une mémoire prodigieuse. Sans prendre une note, il emmagasine les demandes et les réponses dans sa tête. Le jour où il veut publier l'*interview*, il la trouve empreinte dans ses cellules cérébrales avec la même exactitude qu'une image fixée sur le cliché d'un photographe.

V

La manière dont a été faite l'Enquête

Au moment de la publication, treize porteurs de *la Pall Mall Gazette* furent arrêtés par ordre du *solicitor* de la Cité, sous l'inculpation d'avoir vendu une feuille obscène et d'avoir entravé la circulation.

Aussitôt M. Stead répondit :

— M. le *Solicitor*, mettez-vous d'accord avec votre collègue le *Chamberlain* (le chambellan et trésorier) de la Cité : car, en sa qualité de président du *Comité pour la suppression de la traite des jeunes filles*, non seulement il ne désapprouve pas ma campagne, mais il y a collaboré.

M. Stead trouva encore des auxiliaires, peut-être plus ardents qu'éclairés, dans l'Armée du Salut. Il était en rapport avec Mme Joséphine Butler, que les Parisiens se rappellent avoir entendue, à Paris, salle de la rue d'Arras et salle Lévis.

Dans un pays où les préjugés religieux sont aussi puissants qu'en Angleterre, M. Stead pouvait d'autant moins négliger l'appui des *pious persons*, que lui-même paraît être de la même famille.

Il alla donc demander un viatique protecteur à l'archevêque de Cantorbéry, un autre à l'évêque de Londres, le Dr Temple, un autre à l'archevêque de Westminster, puis au chanoine Ring. Il reçut un appui de la *Congregational Union*. M. Mearns, M. Charrington firent des enquêtes dans l'Est de Londres, le quartier pauvre. Les chapelains des prisons de Westminster et de Clerkenwell lui donnèrent des renseignements.

Enfin, il s'adressa aux directrices d'hôpitaux, de refuges, aux associations ayant pour but de sauver les enfants et les femmes : le *Minor's joint protection committee*, dirigé par M. Charles Mitchell et Bunting ; l'Armée du Ruban blanc (*White ribbon army*) « qui a miss Ellice Hopkins pour Jeanne d'Arc », — une terrible personne, entre parenthèses, qui voudrait que chacun et chacune suivît son exemple, lequel aboutirait à la suppression radicale du péché par la suppression de l'homme sur la terre; la *London city mission;* la *Reformatory and Refuge union*, qui a pour secrétaire M. Maddisson, à Charing Cross; la *Rescue society* (la Société de sauvetage) dans Finsburn pavement; l'Œuvre de sauvetage de M. Thomas; l'Association des Dames de Pimlico; et *la Moral Reform union*, dont le secrétaire est miss Albert.

Il fit appel enfin à ses collaborateurs, parmi lesquels se trouve M. Georges Sim, auteur du livre : *La Vie des pauvres* à Londres.

Il demanda à sir William Harcourt, alors ministre de l'intérieur, l'autorisation d'interviewer les directeurs et les agents de la police. « Heureusement qu'il nous refusa, dit M. Stead; nous avions fait là une fausse démarche. Si la police avait connu notre enquête, les tenanciers des *brothels* (1) en eussent été informés;

(1) La *Lanterne* a traduit le mot *brothel* par maison de passe.

Le *Brothel* anglais n'est pas du tout ce qu'est le bordel

ils se seraient tenus sur leurs gardes et nous n'aurions rien appris.

« Ce refus a été le seul service que sir Wiliams Harcourt ait rendu à notre cause. Nous l'en remercions donc. »

Des membres de la commission d'enquête visitèrent le *Lock hospital* (1), le *Bridge of Hope* (le pont de l'Espérance) de miss Steer, le *Home at Poplar* (l'asile à Poplar) de Mme Wilke, *the Church of England Homes for little children* (les refuges de l'Église d'Angleterre pour les petits enfants) à Saint-Cyprien, Hurlingham, Walthamsow, etc., le *Rescue Home* (la maison de refuge), que Mme Bramwell Booth a établie à Clapton, et autres institutions publiques.

Mais rien ne valut autant que l'information directe. Le grand vice des enquêtes officielles

français. Il ne s'établit pas avec une autorisation : il n'a pas de persiennes fermées.

C'est un hôtel garni libre, dans lequel vivent des femmes, ou simplement une maison où elles trouvent des chambres toutes prêtes pour les clients de passage.

(1) Hôpital fermé. Cette expression signifie Hôpital pour les maladies vénériennes.

est de ne jamais interroger les intéressés et les victimes. Le directeur de *la Pall Mall Gazette* ne commit pas cette faute.

Sans avoir peur de la souillure, lui ou ses amis allèrent chez les diverses proxénètes, entre autres mesdames X..., Z... et Jeffries.

Cette dernière fut charmante : ce que c'est que l'habitude du grand monde !

Elle accorda, à un des plus habiles membres de la commission d'enquête, deux entrevues dans lesquelles elle lui donna tous les renseignements qu'il pouvait désirer sur la profession dont elle avait été la plus illustre représentante, pendant des années.

Elle fut surtout prodigue de confidences à l'égard de ses concurrentes.

Quant à elle, elle a toujours tenu sa maison sur un pied aussi respectable que l'exigeait sa clientèle, composée de................

(Ici une demi-ligne du numéro de *la Pall Mall Gazette* du 9 juillet a été enlevée au clichage, d'un coup d'échoppe.

(Il paraît que les mots ainsi enlevés sont :

members of cabinet and bishops (membres du cabinet et évêques).

— Et voyez l'ironie, disait-elle avec indignation, elle avait été poursuivie, tandis que d'autres, en faisant bien d'autres, pouvaient tranquillement continuer leurs affaires!

L'enquête de *la Pall Mall Gazette*, préparée de longue main, n'eut une période active que de six semaines.

Elle coûta en tout 300 livres (7,500 fr.), « moins que le prix qu'un homme riche donne pour déflorer une demoiselle de magasin de première classe, la fille d'un clergyman ou d'un médecin. »

VI

Le fruit défendu

Les matériaux étant ainsi réunis, dans les premiers jours de juillet, *la Pall Mall Gazette* annonça que les personnes prudes, les femmes, les enfants, ne devaient pas lire les numéros des 6, 7 et 8 juillet.

M. Stead connaît trop bien sa Bible pour ne pas savoir l'attrait du fruit défendu. Comme Jéhovah, il indiquait à Ève où il se trouvait; comme Satan, il le lui présentait, — seulement, lui, c'était pour le bon motif.

La mise en scène réussit.

En vain, le grand entrepreneur de la vente des journaux dans les gares, *Smith et Son*, refusa de vendre *la Pall Mall;* en vain, les autres journaux refusèrent d'en parler.

La voix de *la Pall Mall Gazette* ne fut pas étouffée. Quoique son tirage se fût élevé à 200,000 exemplaires, elle ne put suffire à la demande. Les numéros de 2 sous se vendaient jusqu'à une livre (25 fr.); la foule était telle devant les bureaux de *la Pall Mall Gazette* que la police dut intervenir, à la fois pour la dégager de ses enthousiastes et la protéger contre ses ennemis.

VII

Babylone et le Minotaure

Nous reproduisons la traduction que *la Lanterne* a donnée des articles de *la Pall Mall Gazette.* Elle les a allégés de déclamations bibliques et mythologiques. Elle a supprimé l'article qui ouvrait la campagne et avait pris son titre à Dante : — « Ici laissez toute espérance ! »

Elle n'a point non plus gardé le titre de l'ensemble : — *The maiden tribute of modern Babylon.* Le tribut des vierges de la moderne Babylone !

Immédiatement sous ce titre, l'auteur commence : « Dans les temps anciens, si nous croyons les mythes des Hellènes, Athènes, après une désastreuse campagne, fut forcée par son vainqueur d'envoyer tous les neuf ans, à Crète, un tribut de sept jeunes filles et de sept jeunes gens.

« Ces quatorze victimes étaient embarquées

dans un vaisseau qui, en signe de deuil, portait des voiles noires. Elles étaient conduites dans le fameux labyrinthe de Dédale où le minotaure, à corps d'homme et à tête de taureau, les dévorait, » ne trouvant pas, paraît-il, de meilleur parti à en tirer ; preuve qu'il était bien stupide !

De Babylone, nous n'avons rien vu : mais nous voici perdus dans le labyrinthe de Crète. Cette transition, qui ne pèche pas par excès de préparation, donne l'idée des procédés de l'écrivain.

A la fin de son introduction, il quitte Ovide, qui eût été bien étonné de se trouver présenté, un jour, à un public quelconque, sous un titre biblique ; et il termine par ces mots qui frappent surtout fort :

« Si le tribut des vierges à Londres, qui, actuellement, est prélevé sans gêne, n'est pas dépouillé de ses pires abus, le ressentiment, qu'il est temps encore d'apaiser par une réforme sociale, peut jeter le ferment d'une révolution sociale : il est assez puissant pour briser le trône ! »

Après avoir mis sous les yeux de nos lecteurs tous les faits signalés par *la Pall Mall Gazette*, nous examinerons l'*Amendment Criminal Law*, les réformes proposées par *la Pall Mall Gazette* au point de vue de l'Angleterre et dans leurs rapports avec la législation ou les pratiques des autres pays.

YVES GUYOT.

LA TRAITE DES VIERGES A LONDRES

PREMIÈRE PARTIE

I

L'auteur, après cette évocation du Minotaure antique, déclare qu'en Angleterre, tous les jours, des centaines de vierges sont sacrifiées au Minotaure de la luxure.

Mais le titre de son premier paragraphe pourrait servir d'épigraphe à la campagne que nous avons soutenue, à la thèse que nous avons toujours défendue, et qui n'est pas encore comprise de la police en particulier.

II

Liberté du vice — Répression du crime

« Loin d'augmenter les pouvoirs de la police au point de vue du vice, je lui dis plutôt : — Ote-toi de là! En cette matière, je ne reconnais que les principes du libre-échange. Les rapports sexuels doivent être régis par les règles du contrat privé.

« La pureté dans les relations d'homme à femme est affaire de morale, non de police. Mais si cette doctrine doit s'appliquer aux adultes, il n'en est plus de même quand il s'agit de mineures, que dis-je? d'enfants. Or, en Angleterre, les crimes commis à leur égard ne sont pas absolument encouragés par la loi, ils sont pratiqués par certains législateurs eux-mêmes et tolérés par les agents chargés d'appliquer la loi.

« Ces crimes, je les classe de la manière suivante :

« I. — Vente, achat et viol d'enfants.

« II. — Procuration de vierges.

« III. — Pièges tendus aux femmes vertueuses,

avec l'emploi de moyens criminels pour les débaucher.

« IV. — Traite internationale des femmes.

« V. — Atrocités, brutalités, crimes contre nature. »

III

Comment a été faite l'enquête

« Je parle de ce que je connais, non par ouï-dire, mais par mes propres investigations.

« Pendant des semaines, aidé par deux ou trois collaborateurs dévoués, je suis descendu dans l'enfer de Londres.

« Il m'est apparu comme un étrange monde renversé; c'était le même monde que le monde politique et le monde des affaires; j'ai entendu parler dans les *brothels* de gens célèbres au Parlement, dans les tribunaux, à la Bourse. Mais ils y étaient jugés d'une manière toute différente — et à un tout autre titre.

« Je ne me propose pas des poursuites criminelles; mais à la condition que mes révélations ne puissent pas les entraîner, je suis prêt à donner tous les détails, avec noms et adresses à l'appui, aux personnes suivantes : l'archevêque de Cantorbéry, l'archevêque de Westminster, M. Samuel Morley, membre du Parlement, ancien lord-maire; le comte de Shaftesbury, le comte de Dalhousie, M. Howard Vincent, ancien chef de la sûreté.

« Je ne mets dans cette liste aucun membre du gouvernement, parce que, comme membre du pouvoir exécutif, il pourrait être empêché de prendre cet engagement. Et je ne veux pas violer la confiance qu'on a eue en moi au cours de mon enquête, je ne veux pas passer six semaines à la cour criminelle. Je suis un enquêteur : je ne suis pas un espion. »

Après cette assurance, l'auteur commence :

IV

Le viol des vierges

« J'admets que la plus grande partie des prostituées n'ait pas été conduite à cet état par le viol; mais il y en a un certain nombre qui ont été aussi victimes de la violence que les vierges bulgares, sur les infortunes desquelles M. Gladstone émut le monde en 1877.

« Avant de commencer mon enquête, j'allai trouver un homme qui, par sa position, était à même de bien connaître ces faits, et je lui demandai :

« — Est-il vrai, qu'en allant dans certaines maisons et en demandant, non pas une prostituée, mais une vierge, une vraie vierge, on me la procurerait?

« — Certainement.

« — Mais, ces vierges, sont-elles simplement des vierges au physique et ne sont-elles pas dépravées au moral? Est-ce avec leur consentement ou malgré elles?

« — Rarement, répondit-il, c'est avec leur consentement. On peut admettre comme règle qu'elles ne savent pas de quoi il est question.

« — Alors vous me déclarez qu'à Londres, constamment, il y a des viols, dans le sens légal du mot?

« — Oui.

« — Mais elles crient?

« — Sans doute. Mais elles peuvent être placées dans des chambres sourdes. Puis, la limite du temps pendant lequel une femme peut crier est très courte. Enfin, si la police n'a pas le droit de pénétrer dans des maisons, même si elle entend des cris (1); autrement elle assisterait aux accouchements aussi souvent que les médecins.

« — Mais le viol est un crime, passible des tribunaux?

« — Oui, mais la jeune fille n'a pas de défense. Elle ne peut pas poursuivre. Elle ne connaît pas l'homme qui l'a violée. Le connût-elle, elle serait accusée de chantage.

« — Et cela se passe tous les jours?

« — Oui, et cela se passera tous les jours, aussi longtemps que les hommes auront de l'argent, les entremetteuses seront habiles, et les jeunes filles seront faibles et sans expérience. »

Sur cette déclaration de l'homme de la police, l'auteur des articles de *la Pall Mall Gazette* commença son enquête.

V

Avec ou sans e consentement des vierges

« Je me mis en rapport avec des tenanciers des deux sexes, de maisons de passe, en activité et en

(1) On sait qu'en France la police peut entrer dans des maisons dans deux cas : incendie ou appel à l'intérieur.

retraite, ayant leurs établissements dans l'Est de Londres (le quartier pauvre) et dans l'Ouest (le quartier riche). J'ai fait mon enquête quelque temps après la poursuite de Mme Jeffries, dans laquelle elle avait plaidé coupable pour sauver de toute indiscrétion son *Royal patron*. Cela leur avait donné de la méfiance. Mais alors surgit l'affaire de M. Minahan qui, n'ayant pas abouti, leur rendit confiance. »

Un individu qui, avec sa femme, ancienne prostituée, tenait une maison dans le *Mile End road*, finit par lui faire la confession suivante :

VI

Confession d'un tenancier

« On demande sans cesse des vierges, comme vous les appelez, des *fresh girls*, des filles neuves, comme on les appelle dans le commerce, et un tenancier qui connaît son affaire est toujours à leur recherche. J'ai souvent voyagé pour en trouver. Quand j'en ai vu une, je fais sa connaissance : un jour je lui propose de venir voir Londres, je la fais bien manger, bien boire, surtout bien boire...

Nous manquons le train, je l'emmène coucher chez moi. L'affaire est arrangée. Je livre la jeune fille à mon client qui me donne 10 ou 20 livres 250 ou 500 francs). Le matin, la jeune fille n'ose plus retourner chez elle, et, selon toute probabilité, elle devient une de mes *marques*, c'est-à-dire qu'elle va raccrocher dans les rues, pour le bénéfice de ma maison. J'envoie ma propre fille faire le métier. Quand une jeune fille a 12 ou 13 ans, elle devient « marchande ». Pour une jolie fille de cet âge, on peut compter de 20 à 40 livres (de 500 à 1,000 francs.) Je connais en ce moment deux petites filles qui ne tarderont pas à être vendues. Ce serait un tort de ne pas faire cette opération le plus tôt possible.

« Des parents ivrognes vendent souvent leurs filles. Dans l'Est, vous en avez toujours autant que vous en voulez; dans une seule rue de Dalston, j'en compterais une douzaine. Un homme, nommé S..., qui tenait une maison fameuse, préparait les temps de chômage à assurer son approvisionnement.

« Voici un de mes cas. Une jolie jeune fille demeurait à Horsham. Je l'amenai à Londres après avoir persuadé à ses parents que je tenais un commerce régulier. Elle s'habitua à la vie que je menais, je la vendis alors à un gentleman, quand je dis : — je la vendis, c'est-à-dire qu'il me donna de l'or, et que je lui livrai la jeune fille pour en faire ce qu'il voudrait. Il l'emmena ensuite. Si ses parents m'avaient demandé ce qu'elle était devenue, j'aurais répondu qu'elle avait mal tourné et était partie avec un jeune homme. Que pouvais-je y faire ?

« Une fois, j'ai vendu une petite fille de 12 ans, pour 20 livres sterling (500 fr.), à un clergyman qui avait l'habitude de venir dans ma maison pour distribuer des brochures pieuses.

« Mme S... avait une maison à... qui est un des principaux centres du commerce, avec quatre autres dans d'autres districts, dont une à Saint-John's-Wood. Quand elle trouve une jolie jeune fille, elle lui donne de l'éducation, lui apprend à lire et à écrire, à jouer du piano. »

VII

Le marché d'esclaves à Londres

« Voulant m'assurer de la vérité de ces faits, je fis demander par un de mes amis, pour un vieux gentleman débauché, deux petites filles dont la virginité me serait assurée par un certificat de médecin. Il les promit sous deux jours, moyennant 10 L. (250 fr.) de commission, prêt à les livrer en quelque endroit qu'on lui indiquât.

« Comment H... se les était-il procurées ? Voici son récit :

« Ce sont deux filles de tenanciers ; l'une, de mon vieil ami G..., demeurant rue M...lane (Hackney), a 11 ans, est très gentille, *virgo intacta* ; son père se contenta de 5 livres (125 fr.). L'autre est la fille de Mme H..., de B... street (Dalston). Elle demande 8 à 10 livres. Sa fille est très jolie, vierge garantie, âgée de treize ans. Les deux petites filles sont prêtes en échange de l'argent. J'en peux donner une demi-douzaine de semblables, aux mêmes conditions.

« Je ne poussai pas plus loin mes recherches.

« Continuant mon enquête, dans un autre quartier, je trouvai une ancienne tenancière. Jeune fille, elle avait été séduite par le colonel S..., à Petersfield, et abandonnée ensuite par lui à Manchester. Elle avait tenu une maison de passe dans un port, puis dans les environs du Regent-Park ; elle était revenue à une vie honnête.

« Je me suis assuré de la réalité des faits qu'elle m'a racontés. »

VIII

La vente et le viol des jeunes filles

« ... Une jeune fille résiste. On lui jette une pincée de tabac à priser dans sa bière. Cela l'endort jusqu'à ce que « monsieur » ait pu arriver à ses fins.

« Pour une autre jeune fille âgée de 13 ans, que j'avais amenée de plus de 100 milles (160 kilomètres) de Londres et que je livrai à un gentleman pour 13 livres (325 francs.), je dus employer un narcotique composé de laudanum et de quelque autre chose. Nous appelons cela la potion noire. Je ne me suis jamais servie de chloroforme, mais d'autres en font usage.

« Quand elle se réveille, elle comprend à peine ce qui lui est arrivé. Nous la sermonnons, et lui disons que maintenant elle peut vivre comme une lady et porter de belles toilettes. Dans neuf cas sur dix, la jeune fille qui est sans amis, sans appui, qui ne sait que devenir, au bout d'une semaine, devient une des attractions de la maison.

« Des hommes prétendent que tout cela n'est

pas vrai. Ils sont peut-être coupables eux-mêmes. Si une tenancière ne procure pas des filles neuves à ses clients, elle les perd, ils vont ailleurs.

« Mon prix courant était de 16, 15, 13 livres sterling. Naturellement, les filles me coûtaient moins que cela. La différence était mon bénéfice. »

IX

Le commerce des vierges dans « l'East End » (quartier de l'Est)

« — Mais, dis-je, ces filles sont-elles réellement vierges ?

« — Vous ne savez pas comment cela se passe, me répondit cette tenancière. Pensez-vous que j'achèterais une vierge sur parole? D'abord, si vous êtes dans le commerce, vous ne tardez pas à reconnaître si une fille est vierge ou non. Puis vos vendeurs ne vous tromperaient pas dans une matière où la fraude est si aisée à reconnaître. Si une maison vendait des filles déflorées, au prix des vierges, cela se saurait tôt ou tard et sa réputation serait perdue. Puis, on paye le prix moitié à la livraison, moitié après la vérification.

« — Comment se fait-elle ?

« — Par un docteur ou une sage-femme expérimentée.

« — La fille sait-elle pourquoi vous l'emmenez ?

« — Très rarement. Elle pense qu'elle entre en place. Quand elle s'en aperçoit, il est trop tard.

« — Que sont ces filles ?

« — Des orphelines, des filles d'ivrognes, de prostituées, des jeunes filles dont le fiancé est parti.

« — Et leur prix ?

« — Dans le commerce, le prix courant est de 3 à 5 livres (75 à 125 francs.)

« Je la chargeai de m'en procurer en s'adressant à une seule maison de l'Est. La réponse fut immédiate. Si elle avait besoin de trois jeunes filles, elles se trouveraient à trois heures le samedi suivant, à la station de Waterloo, deux à 5 livres et une autre, pas très jolie, âgée de treize ans, à 3 livres. »

X

Une Évasion

« Je chargeai une dame dans laquelle j'avais toute confiance de vérifier par elle-même et de voir ces jeunes filles.

« Elle y alla avec l'ex-tenancière. La femme eut quelques soupçons en voyant cette étrangère; puis elle présenta une « jeune fille neuve », très jolie, qui était en service dans les environs de Londres, mais se trouvait sans place, depuis trois semaines.

« Le marché fut conclu. La femme reçut deux livres, avec promesse d'une autre livre après vérification de la virginité.

« L'argent fut versé; mais, dans le trajet, la jeune fille s'échappa.

« — C'est un des risques du métier, dit l'ancienne tenancière. Mais si j'avais été réellement encore dans les affaires, j'aurais exigé la livraison chez moi ou à quelque station de chemin de fer. C'est une règle invariable. »

XI

Une épouvantable profession

« Pendant que je faisais mon enquête dans l'*East End*, un de mes collaborateurs découvrit à l'autre extrémité de la ville une maison infernale.

« C'était celle d'une très respectable sage-femme qui donnait aux proxénètes les certificats de virginité pour les jeunes filles avant le viol, les raccommodait après, au besoin, et pratiquait l'avortement, s'il était nécessaire.

« L'existence de cette maison n'était pas un secret. Elle était bien connue dans le commerce.

« La respectable vieille dame avait d'autres affaires que celles-là, mais elle jouissait d'une réputation sans rivale, d'abord pour la valeur de ces certificats, ensuite pour son habileté à réparer les désordres qui pouvaient résulter du viol.

« Sa maison a l'apparence la plus convenable.

« Cette dame n'est pas une procureuse. Sa mission est de guérir. Les certificats ne sont pas donnés pour le viol. Elle sait qu'il a lieu, mais elle ne peut l'empêcher. Ce qu'elle s'efforce de faire, c'est de réduire le mal à son minimum et de réparer les ravages d'un acte de luxure auquel elle n'a pas pris part. Elle est une femme circonspecte, que sa grande expérience a mise au courant de beaucoup de secrets! Ah! si elle voulait parler!...

« Mais elle est discrète; sa discrétion ne va pas cependant jusqu'à cacher les noms et adresses des maisons où on peut se procurer des petites filles.

« — Mais actuellement, ces maisons sont timides. Elles ne servent que leurs vieux clients; après tout, elles sont très coûteuses. Si vous avez du goût pour les petites filles, pourquoi ne faites-vous pas comme M... C'est meilleur marché, plus simple et plus sûr.

« — Qu'est-ce que M... et qu'est-ce qu'il fait?

« — M... est un gentleman qui aime beaucoup les petites filles. Je ne sais pas combien il m'en a donné à raccommoder. Il va dans l'*East-End*, dans la Cité; il surveille les jeunes filles qui sortent de leurs magasins ou de leurs ateliers : puis il gagne la confiance de l'une d'elles. Un jour, il lui propose une excursion dans le *West-End*. Elle consent. Le lendemain, j'ai un autre sujet, et M... est à la recherche d'une autre petite fille.

« — Et que deviennent les sujets qu'il confie à votre habileté?

« — Les unes retournent chez elles, d'autres reprennent leur position, d'autres sont livrées à ceux qui aiment les articles de « seconde main » et la bonne dame insinuait que si tel était mon goût, nous pourrions faire de petites affaires ensemble. »

XII

Maisons muettes

«... — La plupart de ces maisons contiennent des chambres matelassées.

« — Dans ma maison, me disait une respectable dame, vous pouvez vous moquer des cris d'une jeune fille, avec la certitude que vous serez seul à en jouir.

« — Ici, dit la tenancière d'une villa fashionable, où autrefois un prince du sang garda, pendant des mois, une de ses nombreuses sultanes, tout est confortable. On ne peut rien entendre.

« — Mais, remarqua le visiteur, si vous entendiez crier la jeune fille, vous pourriez peut-être intervenir. Si je la battais par exemple, comme cela peut arriver, presque jusqu'à la mort.

« — Vous avez trop de sens pour la tuer. Excepté cela, vous pouvez faire tout ce qu'il vous plaira. Quant à mon intervention, croyez-vous donc que je ne connaisse pas mes affaires?

XIII

Respect des engagements

«... — Beaucoup de filles veulent bien venir dans ma maison pour être séduites, mais quand le monsieur vient, elles ne veulent plus.

« Du reste leur volonté est la chose dont on s'occupe le moins. Une fille de 12 ou 13 ans ne peut présenter de résistance sérieuse.

« — Le gentleman a payé pour elle, et il doit faire d'elle ce qu'il veut.

« Ces matrones ont un respect de leurs engagements digne de Rhadamantus ou de lord Bramwel. »

XIV

Les auxiliaires

« Voici un fait récent que j'ai été à même de vérifier, il s'est passé dans une villa fashionable de la banlieue de Londres.

« Un client très riche était épuisé par excès de débauche. Il ne voulait que de très jeunes filles; mais il était incapable de les maîtriser. Une femme robuste lui prêtait main-forte, ou bien on attachait la jeune fille, à l'aide de courroies rembourrées, par les quatre membres aux quatre coins du lit. Ce dernier procédé était d'un usage courant dans Half-moon-street et dans la maison d'Anna Rosenberg, à Liverpool.

« Vous pouvez tout vous procurer pour de l'argent, à la condition de vous adresser au bon endroit. »

XV

La protection de la loi

«... La loi protège ces actes.

« Au-dessus de 13 ans, la jeune fille n'est plus protégée par la loi.

« Si une jeune fille de 14 ans, subjuguée, soit par séduction, soit par menace, soit par un rapide acte de force ou par la menace d'une souffrance corporelle, est amenée à supporter sans son consentement, un acte dont elle n'a qu'une notion imparfaite, la loi protège son agresseur.

« — La permission est donnée, dit le Digeste de la loi criminelle de Stephen; le fait qu'elle a été obtenue par fraude ou que la femme ne comprenait pas la nature de l'acte est immatériel. »

XVI

Une enfant de treize ans pour 5 livres (125 francs)

Au commencement de la semaine du Derby, une vieille procureuse entra dans une maison —

st. M. — et pour acheter une vierge, ouvrit des pourparlers avec une femme dont la sœur, âgée de 13 à 14 ans, remplissait les conditions. Le marché fut conclu pour 5 livres (125 fr.). A ce moment entra dans la maison une vieille ivrognesse qui, en l'apprenant, demanda à la vendeuse :

« — Pensez-vous qu'elle voudrait prendre notre Lilly ?

« Lilly était sa fille, une jolie petite fille qui avait eu treize ans à Noël dernier : malheureusement pour cette pauvre mère, il était trop tard.

« Le jour du Derby était le jour de la livraison. Une sœur des deux premières, dans une position respectable, vint les voir, brisa le marché et emmena la jeune fille avec elle. La procureuse était fort ennuyée. Elle se rappela heureusement la mère de Lilly, l'envoya chercher. La mère ne demandait pas mieux. Elle dit à son mari, ivrogne comme elle, que la petite avait trouvé une place.

« Le prix fut convenu à 5 livres, dont 3 comptant et 2 après vérification de la virginité.

« La petite fille ne savait pas ce qu'on faisait d'elle. L'entremetteuse la lava, l'habilla, l'envoya dire au revoir à ses parents. Sa mère était déjà si ivre qu'elle reconnut à peine sa fille. Le père fut indifférent. La petite fille fut emmenée à l'habitation de la dame, A... street.

« Le premier pas était fait. Il s'agissait de faire vérifier la virginité.

« Lilly était une petite cockney (gamine), comme s'en développe chaque année des milliers pour les servantes de la partie la plus pauvre de la classe moyenne. Elle était allée à l'école, savait lire et écrire, et quoique son orthographe fût extraordinaire, elle pouvait s'exprimer avec beaucoup de force et de décision. Son expérience avait pour limites le quartier de Londres dans lequel elle était née. A l'exception de deux promenades de l'école, l'une à Richmond et l'autre à la forêt d'Epping, elle n'était jamais allée à la campagne. Elle n'avait jamais vu la Tamise qu'à Richmond.

« Elle était une petite chose industrieuse, au cœur chaud, une brave petite Anglaise, d'une constitution un peu abrupte, avec des yeux très noirs, et une figure courte et résolue. Elle était un petit être aimant, affectionnait, malgré tout, son ivrognesse de mère qui avait l'infamie de la vendre.

« La pauvre petite partit heureuse d'avoir trouvé une situation.

« Elle fut conduite à la maison de la sage-femme en renom. La vérification fut complètement satisfaisante. Mais la petite Lilly paraissait si innocente, si jeune, que la vieille avorteuse se sentit prise d'une sorte de mouvement de pitié.

« — La pauvre petite chose, murmura-t-elle. Elle est si petite. Elle souffrira tant, j'espère que vous ne serez pas trop cruelle avec elle.

« Pour tranquilliser la vieille dame, l'entremetteuse lui demanda si elle pouvait lui donner quelque chose pour atténuer sa douleur. La sage-femme lui remit une fiole de chloroforme.

« — Mes clients trouvent que c'est ce qu'il y a de meilleur.

« L'entremetteuse, qui ne connaissait pas cette liqueur, eût certainement empoisonné la petite fille, si, en la goûtant, elle ne s'était pas aperçue qu'elle lui brûlait la bouche. Elle avait payé 1 L. 1 sh. (27 fr. 25) pour le certificat de virginité, plus 1 L. 10 sh. (37 fr. 50) pour le chloroforme, dont le prix était probablement d'un shilling.

« Il fut convenu que si la petite fille était blessée, la dame la soignerait.

« De là, la petite fille fut conduite dans une maison située P...-street, près Regent-street. Elle fut menée dans une chambre, déshabillée et couchée. Sous l'influence du chloroforme, elle ne tarda pas à s'endormir. Tout était silencieux et tranquille. Quelque temps après, la porte s'ouvrit; l'acheteur entra dans la chambre. Il ferma et verrouilla la porte. Il y eut un moment de silence. Alors s'éleva un cri d'effroi, non un appel bruyant, mais un gémissement désespéré, quelque chose de craintif et de douloureux comme le bêlement d'un agneau épouvanté. On entendit la voix de la petite fille, répétant avec terreur : — Un homme dans la chambre. Ramenez-moi à la maison ! Ramenez-moi à la maison !

. . . .

« Et tout resta silencieux.

« Ce n'est qu'un cas parmi tant d'autres, et ce n'est pas le pire. Il ne diffère des autres que parce que j'ai pu le vérifier. Beaucoup de cris semblables s'élèveront cette nuit dans certaines maisons de Londres ; les hommes ne les entendront pas, mais ils seront entendus par l'oreille miséricordieuse du ciel ! »

C'est sur ce mot que l'auteur de l'enquête de *la Pall Mall Gazette* termine ses premières révélations. Nous lui ferons seulement remarquer que l'oreille de Dieu, si miséricordieuse qu'elle soit, a été bien paresseuse jusqu'à présent, puisque, pour qu'elle se décide à entendre les cris des victimes, il faut que *la Pall Mall Gazette* s'en fasse l'écho.

XVII

« Je viens de décrire une scène qui a eu lieu le jour du dernier Derby dans une maison bien connue, située dans un rayon d'un mille autour d'Oxford-Circus. Ce n'est pas un des pires exemples des crimes commis chaque jour à Londres. Presque toutes les victimes ont de treize à quatorze ans. La raison en est simple. Au-dessus de treize ans, la jeune fille est déclarée responsable de sa personne. Tant pis pour elle si elle s'abandonne à un individu, eût-il employé pour l'obtenir la fraude ou la violence. Il est vrai qu'elle est absolument incapable de disposer du moindre de ses biens jusqu'à l'âge de seize ans. »

XVIII

La responsabilité des mères

« C'est d'autant plus grave, que l'ignorance des jeunes filles anglaises est presque incroyable.

Elles n'ont pas la plus petite notion de physiologie sexuelle. Même le viol une fois accompli, certaines parlent de cet acte comme elles parleraient d'une dent arrachée, sans se rendre compte exactement de sa nature. »

XIX

Recrutement des Maisons

« On s'imagine que le personnel des maisons se recrute de lui-même. C'est une erreur.

« Il faut autant d'activité, de vigilance pour se le procurer que pour recruter l'armée de Sa Majesté, qui compose, du reste, peut-être la plus grande partie de sa clientèle.

« — Les affaires vont mal, disait Mme Jeffries quelque temps avant son procès, depuis que les *guards* sont partis pour l'Égypte.

« Un certain nombre de jeunes filles sont recrutées par la séduction ordinaire : — Vous aurez de belles toilettes, vous vivrez comme une lady.

« Là, on abuse de la faiblesse intellectuelle et morale de l'enfant. D'autres fois on abuse de sa faiblesse physique, et il y a réellement viol.

« Une jeune fille est entraînée dans une de ces maisons sous prétexte de domesticité. Elle ne connaît pas le caractère de cette maison. On le lui cache pendant quelque temps. Quand elle l'apprend elle y est préparée. S'il lui inspire de la répugnance, que peut-elle faire? On ne lui permet pas de sortir. Elle ne peut parler au policeman. On la fait boire, on la séduit et on la brusque. Elle doit faire comme les autres. Et tôt ou tard, la maison a une nouvelle recrue.

XX

Une évadée

« Le mois dernier, j'ai fait la connaissance d'une jeune fille de 17 ans qui échappa au piège. J'ai vérifié les faits, ils sont authentiques.

« Voici son récit :

« Je m'appelle Annie, j'ai 17 ans. L'année dernière, je vivais avec mes grands-parents à Shoreham. Ils étaient pauvres. Ils pensèrent que je devais entrer en condition, nous vîmes un avis dans le journal demandant une bonne à tout faire, ma grand'mère écrivit. La réponse nous convint. Il fut décidé que j'accepterais, ma maîtresse vint me chercher à la station de Victoria. Elle me conduisit à sa maison. Tout me parut très convenable. Je me couchai à 10 heures.

« Cependant les jours suivants, je fus étonnée de voir des dames boire beaucoup dans la maison et veiller très tard, des messieurs aller et venir jusqu'à trois et quatre heures du matin. Je m'aperçus que j'étais dans une mauvaise maison. Que faire? j'écrivis à ma mère qui vivait à Londres : mais elle mène elle-même une vie peu régulière. Elle me répondit qu'elle me donnerait une bonne râclée, si je quittais ma place. Où aller ? Enfin, je finis par penser que je pouvais être une honnête domestique dans une mauvaise maison. Mme C..., peu à peu commença à me dire que j'étais trop bien pour être une domestique à tout faire, qu'elle prendrait une autre domestique, et que moi je serais une dame, comme les autres.

« Mais la jeune fille, qui m'avait précédé, me dit : — N'en faites rien. Ne l'écoutez pas, je suis entrée ici comme vous; maintenant, j'ai une enfant. Que puis-je faire ?

« Elle se mit à pleurer amèrement.

« Les deux autres filles, quand elles étaient à jeun, me disaient de prendre garde, de ne jamais m'abandonner à une vie comme la leur et se désespéraient d'être tombées à la rue. Alors elles buvaient de nouveau, se fardaient, sortaient et se préparaient à recevoir des clients.

« Souvent, je sortais pour leur acheter à boire. Je me demandais alors si je ne m'en irais pas complètement; mais alors, j'aurais emporté leur argent et passé pour une voleuse. Les jours se suivaient ainsi.

« Un soir, Mme C... m'apporta un vêtement de soie rouge et un chapeau neuf et me dit qu'elle allait m'emmener. Elle prit un cab et me conduisit à l'Aquarium.

« Nous nous y promenâmes, puis elle me ramena. Elle fit ce manège plusieurs fois. Elle devenait de plus en plus pressante. Elle me montrait une belle robe rose, et me disait qu'elle serait à moi, le jour où je la voudrais. Elle me traitait de stupide.

« Un soir, que nous revenions de l'Aquarium, un gentleman essaya de me prendre au moment où j'étais à la porte d'une chambre à coucher; je dégringolai l'escalier et allai m'enfermer dans la cuisine, où je me barricadai avec les chaises et la table. Il n'insista pas.

« Je ne savais que faire, quand je trouvai dans une boîte un vieux livre de prières dont se servait mon grand-père. Il portait l'adresse du général Booth de l'Armée du Salut. Je résolus d'aller le trouver. J'attendis toute la nuit. A six heures du matin, j'ouvris la porte, n'osant même pas la refermer. Je ne connaissais qu'une adresse à Londres, 101, Victoria street. Où était cette rue? Je n'en savais rien. Un policeman que je finis par rencontrer, m'indiqua la direction. J'étais très fatiguée, je marchai, marchai. Je craignais à tout moment d'être rattrapée et ramenée à la maison. Ma robe de soie rouge faisait un singulier effet à cette heure. Je ne savais pas l'accueil que me ferait le général Booth. La maison que je quittais était à Gloucester street, Pimlico. Il était près de sept heures et demie quand j'arrivai à Victoria street. On me reçut et on me renvoya à Shoreham. »

« L'armée du Salut renvoya chercher la malle de la jeune fille, qu'elle ne recouvra pas sans difficulté. La jeune fille est sur le point de se marier.

« Mais voici une preuve de la ténacité que les procureuses mettent à garder leur proie. Mme C... vint aux bains de mer à Brighton, avec ses dames. Elle profita du voisinage de Shoreham, pour aller voir Annie et l'engager, moitié par séduction, moitié par menace, à retourner chez elle. »

XXI

Deux histoires réelles — Annie

« Voici l'histoire d'une autre Annie. Celle-ci n'a pas échappé, je la trouvai peu de semaines après sa séduction, qu'elle me raconta avec les détails suivants :

« J'ai été séduite il y a environ deux mois. Une de mes amies Jane B... me trouva un soir près de chez moi et me demanda si je voulais faire un tour avec elle, j'acceptai. Elle me proposa d'aller manger une glace dans un restaurant.

« — Il est célèbre pour ses glaces, me dit-elle, et peut-être y verrons-nous mon oncle.

« — Je ne connaissais pas son oncle. J'allai avec elle au restaurant situé dans Leicester square. Elle me fit monter dans un salon où nous mangeâmes des glaces et des gâteaux.

« Quelque temps après vint un gentleman qu'elle me présenta comme son oncle, mais je découvris plus tard qu'il n'était pas plus son oncle que moi. Il demanda, pour nous, du vin et quelque chose à manger ; de ma vie je n'avais bu de vin. Il insista, je bus un verre, puis un autre, quatre, j'avais la tête perdue et ne savais plus ce que je faisais.

« Mon amie me dit alors :

« — Annie, montez !

« — Pourquoi faire ?

« — Ne vous inquiétez pas. Vous allez gagner de l'argent.

« J'avais la tête troublée. Je comprenais bien que je ne devais pas monter. Elle insista et je finis par monter.

« Le monsieur, qu'elle appelait son oncle, me suivit. Elle me déshabilla.

« — Que faites-vous ? lui demandai-je. Je ne veux pas me déshabiller.

« Je me débattis. Mais à partir de ce moment, je perds pied dans un vertige. Je me retrouve déshabillée et couchée. Le monsieur était à côté de moi. Je crie, je veux le repousser. Il me frappe cruellement en me disant :

« — Taisez-vous, petite imbécile ! Tenez-vous tranquille. Vous aurez de l'argent.

« J'étais si effrayée et l'homme frappait si dur !

« Quand ce fut fini, le monsieur donna à Jane B... 4 livres (100 francs). Elle m'en donna la moitié et garda le reste pour elle. Je ne sais pas qui était ce monsieur. Je ne l'ai jamais vu depuis ».

Le directeur de l'enquête de *la Pall Mall Ga-*

zette ajoute : « Naturellement, je n'ai pour caution de ce récit, que la jeune fille elle-même; mais elle me parut une jeune fille de très bonnes dispositions, de manières distinguées. Elle fréquentait l'école du dimanche et avait une physionomie d'une douceur exceptionnelle. »

XXII

Lizzie

« Lizzie est une petite fille de treize ans, mais ayant beaucoup plus de caractère et de résolution. Elle est maintenant à la campagne, dans de bonnes mains. Voici son histoire :

« Un soir, une jeune fille de mes connaissances vint me trouver et me dit :

« — Voulez-vous venir et voir un monsieur?

« — Un monsieur? demandai-je, et pourquoi?

« — Bon, j'oublie. Voulez-vous venir faire un tour de promenade.

« Je n'avais pas d'objection. Nous sortîmes. Au bout de quelque temps, elle me proposa d'aller dans une maison de P... street pour manger quelque chose.

« Quelque temps après, vint un monsieur. Il s'assit, causa un peu et alors mon amie me dit :

« — Déshabillez-vous.

— Non. Pourquoi ?

« — Êtes-vous folle ! déshabillez-vous, et vous aurez de l'argent.

« Elle se mit en train de me déshabiller avec le monsieur. Puis, elle me dit :

« — Maintenant, couchez-vous.

« Je ne savais ce que cela signifiait.

« — Allons ! petite folle, couchez-vous ou je vous casse la tête. Si vous êtes aimable, ce gentleman vous donnera de l'argent, des livres et encore des livres !

« Me voilà dans le lit. Le gentleman me suit. Je ne savais pas ce que cela signifiait, mais j'étais très effrayée et je me mis à pousser les hauts cris.

« Elle me frappa et essaya d'étouffer ma voix.

« La dame qui tenait la maison vint :

« — Que lui faites-vous donc ?

« — Rien ! dit le monsieur, elle a seulement une épine dans le pied.

« Pendant ce temps, ma camarade me murmurait :

« — Tais-toi, je te donnerai tout l'argent.

« La dame sortit... et le monsieur donna 3 livres

sur lesquels je reçus 1 livre 10 sh., la moitié, (37 fr. 50). »

Le directeur de l'enquête de *la Pall Mall Gazette* ajoute :

« Lizzie était une enfant de treize ans. Sa mère était morte. Son père était contremaître dans une maison de la Cité. Elle est une jeune fille de grande énergie et de bon cœur, maintenant dans une bonne voie. »

XXIII

La traite dans le West-End

« Le prix des vierges est plus haut dans le West-End (le quartier riche), que dans l'East-End (le quartier pauvre).

« Dans les établissements de Mmes X... et Z..., dont nous reparlerons, la même jeune fille vaut 10 l. dans l'East-End et 20 l. dans le West-End. C'est le prix actuel. Il m'a été donné par des personnes très disposées à ratifier complètement les clauses du contrat.

« Il comprend le salaire de la jeune fille et la commission de l'entremetteur.

« Jamais on n'a fait la moindre objection à l'exigence que la virginité de la jeune fille serait certifiée par un docteur, avant livraison.

« J'ai eu l'occasion de voir très bien, dans une maison très choisie et très respectable de West-End, comment le commerce se pratiquait. Je l'avais chargée de me procurer une vierge authentique, moyennant 20 livres (500 francs).

« Naturellement, la tenancière commença par me dire qu'elle ne faisait jamais ce genre d'opérations.

« Puis elle m'offrit de choisir, dans sa maison, la chambre que je voudrais. Elle me raconta des détails relatifs à chaque chambre, et elle finit par me dire qu'elle employait trois femmes à lui procurer des filles pour ses clients. Elle m'offrit le choix entre une gouvernante, une bonne d'enfants et une autre jeune fille.

« Je choisis la gouvernante qui était, me dit-on, dans une bonne place, dans la famille d'un gentleman, près de la station de Victoria. Malheureusement, le jour du rendez-vous, la maîtresse l'avait envoyée avec les enfants à Hurlingham. L'entremetteuse était très désappointée. Elle alla trois fois à la maison.

« Un rendez-vous fut pris; mais au lieu de la gouvernante, on m'amena une femme de chambre qui était conduite par une vieille femme de ménage.

« Celle-ci me donna des détails sur son métier de procureuse, qu'elle avait deux bonnes raisons pour exercer : d'abord, elle était pauvre ; ensuite, les jeunes filles qu'elle livrait auraient été séduites tôt ou tard, et il valait mieux qu'elles fussent séduites par quelque gentleman que par quelque domestique ou par quelque petit drôle qui ne leur donnerait pas un liard. Non seulement, elle avait donc la conscience complètement en repos, mais elle se considérait comme une bienfaitrice de son sexe.

« Je ne puis pas répondre de la virginité de la jeune fille qu'elle m'amena, mon docteur, par suite d'un retard du télégraphe, n'étant pas arrivé à temps. Mais elle était une jolie petite jeune fille d'environ 15 ans, d'une figure très douce et très innocente. Elle avait pleuré parce que la vieille dame l'avait habillée comme un papillon, au lieu de la mettre en noir. Elle était toute disposée à se laisser examiner par le docteur. Comme le disait la vieille femme :

« — Puisqu'elle doit être déflorée, elle ne doit pas craindre le docteur.

« La vieille femme était étonnante. Elle trottait autour de l'enfant, elle la faisait se lever, sourire, aller et venir, la montrait sous toutes ses faces. Elle l'encourageait en l'embrassant à n'être pas timide, et à plaire au gentleman. C'était dégoûtant au delà de toute expression.

« Ce fut à grand'peine que je me trouvai pendant quelques moments, seul avec la fille.

« — Pourquoi voulez-vous vous livrer ? lui demandai-je. Dites-moi la vérité.

« — Pour de l'argent.

« — Préférez-vous 5 livres et n'être pas séduite ou 10 livres et être séduite ?

« — Oh ! 5 livres et n'être pas séduite !

« Sa mère était malade et elle avait besoin d'argent. Je vérifiai le fait. Il était exact.

« La vieille procureuse avait eu soin de se munir d'un certificat écrit de la mère, approuvant l'acte de sa fille.

« Les femmes de ménage jouent un grand rôle dans ce commerce. Toutes les maisons leur sont ouvertes. Elles se mettent en rapport avec les jeunes bonnes. Elles les encouragent :

« — Vous n'avez rien à craindre, pour la première fois. Jamais il n'en résulte d'enfants, disent-elles.

« Pour la seconde fois, elles ajoutent :

« — Puisque vous avez commencé. Il n'y a que le premier cas qui coûte.

XXIV

Une association d'entremetteuses

« Vous ne trouverez pas, dans *le Post Office directory*, l'adresse de la société de Mmes X... et Z... Cependant cette société existe, très régulièrement constituée, et fait ses opérations avec la méthode d'une affaire industrielle ou financière. Elle a pour spécialité de procurer des vierges.

« Le nombre des vierges que Mme Jeffries a la réputation d'avoir procurées à son aristocratique clientèle, dans le voisinage du Quadrant, est regardé, dans la profession, comme une des grandes perfections de la fameuse procureuse de Chelsea. Ce ne sont cependant que des tours ordinaires du métier. Mmes X... et Z..., elles, n'ont que cette spécialité. Elles n'ont pas de maison de passe.

« Une des associées de cette association vit chez ses parents, de la manière la plus convenable. L'autre, qui vit chez elle, occupe un poste de confiance dans une grande maison de commerce de Londres. Ce sont les masques. En réalité, leur principale occupation est de procurer des jeunes filles vierges à leur nombreuse clientèle.

« Les deux associées sont jeunes. La doyenne de l'association est même la plus jeune. Elle fonda cette entreprise presque immédiatement après avoir été déflorée, en 1881. Elle avait alors 16 ans.

« La facilité avec laquelle son entremetteuse avait empoché une couple de livres sterling, fut une révélation pour Mme X... Presque aussitôt après, elle commença à chercher des vierges pour des clients et des clients pour des vierges. Au bout de deux ans, ses affaires avaient si bien marché, qu'elle fut obligée de prendre pour associée une jeune fille un peu plus vieille qu'elle, âgée de vingt ans, maigre, mais jolie.

« A une époque, miss Z... donna tout son temps à cette entreprise, mais sur le conseil d'un de ses clients, elle conserva son ancienne position, comme directrice d'un atelier de couture dans l'établissement auquel nous avons fait allusion. Cela lui donne de la considération et lui fournit des recrues.

« Jusqu'à présent cette association avait échappé à toute observation.

XXV

Comment Annie fut procurée

« J'ai appris l'existence de cette raison sociale par hasard dans une conversation avec une jolie jeune fille de seize ans, qui me raconta comment elle avait été séduite.

« — C'est par l'intermédiaire de miss X..., me dit-elle. J'étais alors bonne d'enfant et, tous les jours, j'allais promener le bébé à Saint-James Park. Une jolie dame, très bien habillée, avait soin de passer près de moi, chaque jour, en me disant :

« — Bonjour.

« Un jour, elle s'arrêta un peu plus longtemps.

« — Quel bel enfant ! me dit-elle.

« Elle se mit à causer avec moi, donna des gâteaux au bébé et à moi, j'étais complètement séduite par elle.

« — Quelle charmante dame ! est miss X..., avais-je l'habitude de dire à ma maîtresse, si bien qu'elle l'invita à prendre le thé, et elle fut aussi séduite que moi.

« Un jour, miss X... finit par me dire :

« — Annie, avez-vous jamais vu les hommes?

« Je fus surprise de cette question dont je ne comprenais pas l'exacte signification.

« Alors, elle me demanda :

« — Voulez-vous gagner une bonne somme ?

« Naturellement je répondis :

« — Oui. Que faut-il faire ?

« — Il suffit de faire un petit jeu avec un monsieur.

« — Oh ! non, je ne veux pas de cela.

« — C'est bien. N'en parlons plus.

« Je fus quelque temps sans revoir miss X..., J'avais besoin de vêtements, je n'avais que de très petits gages, et elle m'avait dit qu'il était si facile de gagner des livres et des livres. J'y pensais.

« — Un jour, je la vis de nouveau.

« — Annie, je viens vous offrir une occasion, me dit-elle, si vous voulez voir un de mes amis, il vous donnera des livres et vous pourrez acheter des robes, des chapeaux, des dentelles et toutes sortes de choses.

« — Mais pourquoi faire?

« — Ne vous en inquiétez pas. Vous êtes stupide. Il jouera avec vous et ne vous fera pas de mal. Mais, pas tant de façons, finit-elle par me dire d'une voix dure. Je n'ai pas à perdre mon temps avec vous. Si vous ne voulez pas, j'emmènerai une autre fille plus raisonnable.

« J'y allai.

« Elle m'emmena dans la campagne par le train, dans une très jolie maison où était un monsieur qui jouait du piano.

« J'étais très effrayée. Je me mis à pleurer quand il me déshabilla. Mais les choses n'allèrent pas plus loin, ce jour-là. Il me dit de revenir une autre fois et me donna 5 livres (125 francs).

« J'y retournai. Cette fois, je ne pleurai plus quand il me déshabilla, mais quand il voulut aller plus loin, je poussai des cris et me débattis.

« — Vilaine petite fille, me dit-il avec colère, ne salissez pas mes manches de chemise.

« Il me donna cinq autres livres.

« Oh ! miss X... casserait plutôt la tête d'une petite fille que de la laisser s'échapper, une fois entre ses mains. Elle me dit :

« — Si vous résistez, vous y passerez tout de même, seulement vous n'aurez pas un penny.

XXVI

Vous avez besoin d'une pucelle, n'est-ce pas?

« A la suite de cette confidence de la jeune fille, faite avec la plus grande bonne foi et la plus grande simplicité, sans l'ombre d'animosité contre sa procureuse, je fus curieux de connaître une femme si vigoureuse et si parfaite.

« Une entrevue fut arrangée.

« Malheureusement la doyenne de l'association ne s'y trouva pas. Je ne vis que miss Z...

« — Vous voulez une pucelle, n'est-ce pas? me dit-elle. Je vous la donnerai demain. Le prix sera de 5 liv. y compris la commission.

« — Mais, dis-je, sa virginité sera garantie par un certificat de docteur ou de sage-femme? Autrement je ne la prendrais pas.

« — Très bien, me dit-elle. Ce n'est pas l'habitude. Vous aurez à payer le médecin. Il n'y a pas de difficulté.

XXVII

L'exécution de l'ordre

« Le lendemain soir, à l'heure juste, miss Z..., arriva avec une jeune fille, qui avait environ quatorze ans, était brune avec de longs cheveux noirs. Elle n'était pas complètement formée et promettait, si son développement n'était pas arrêté, de devenir une femme d'une forte complexion. Elle était de Birmingham, et les mauvais logements de Londres n'avaient pas dépouillé ses joues des couleurs de la campagne.

« Son histoire était simple.

« Elle avait été envoyée dans une maison d'Oxford street, pour apprendre le métier de tailleuse, comme une apprentie de la campagne. Elle devait travailler trois mois en retour. Elle ne recevait pas de salaire, n'avait pas d'instruction, ne savait pas du tout écrire, et savait à peine lire.

« Miss Z... l'avait remarquée dès son arrivée, et lui avait insinué qu'elle pourrait gagner quelques livres en se livrant à un gentleman.

« — Chaque jeune fille agit comme cela, lui avait-elle dit, et gagne de l'argent sans aucun ennui.

« La jeune fille, avec la plus vague idée de ce que cela signifiait, consentit et venait se livrer à moi.

« La scène se passait un lundi. Sa mère était morte le samedi, et devait être enterrée le mardi.

« Cette idée du cadavre de la mère couché dans la maison, tandis que la fille venait se livrer à moi, me frappa si horriblement, que j'en fis part à miss Z...

« — Oui, la pauvre fille, dit-elle, c'est une pitié. Mais s'abstenir ne ramènerait pas la mère à la vie, et je lui ai dit de passer outre.

« J'envoyai la jeune fille à une sage-femme, qui constata sa virginité. La jeune fille crut alors que l'acte était accompli. Cette innocente avait entre 14 et 15 ans. Il y avait 2 ans qu'elle était responsable !

XXVIII

Une entrevue avec l'association

« J'eus plus tard une longue conversation avec Mmes X... et Z... concernant leurs affaires, la manière dont elles les administraient, et la facilité avec laquelle elles pouvaient se procurer des sujets. Elles étaient très sociables, très communicatives, et dans l'espace d'une soirée, elles me donnèrent une bonne idée de tout l'art et de tout le mystère de leur commerce. Les passages suivants sont la reproduction de cette conversation :

« — On m'a assuré, dis-je comme entrée en matière, que la demande des vierges avait tombé, grâce aux fraudes des procureurs.

« — Ce n'est pas notre impression, dit la doyenne des associées, femme remarquable, que sa force de caractère rend sympathique, en dépit de la honte de son métier.

« — Nous ne savons rien, dit-elle, concernant les filles réparées. Nous ne nous occupons que des vierges authentiques, croyant que cela vaut mieux que d'en fabriquer de fausses. Le marché devient de plus en plus actif, la demande va toujours ; les prix peuvent paraître avoir tombé, mais cela provient de ce que nos clients donnent de plus larges ordres. Par exemple, le Dr —, un de mes amis, qui avait l'habitude de prendre une fille par semaine, à 10 livres, en prend maintenant trois par quinzaine, de 5 à 6 livres chaque.

« — Quoi? m'écriai-je. Vous pouvez fournir soixante-dix filles neuves à un gentleman, par an ?

« — Certainement, dit-elle. Et, encore, il est très difficile. Il ne veut pas de filles de magasin, et il veut toujours qu'elles aient plus de seize ans.

XXIX

La loi et les procureuses

« — Pourquoi, plus de seize ans? demandai-je.

« — A cause de la loi, répondit-elle. On ne peut pas emmener de la maison, enlever à ses gardiens naturels ou légaux une fille âgée de moins de seize ans. Elle peut consentir à se livrer après l'âge de treize ans; mais, même avec ce consentement, le propriétaire de la maison où l'acte aurait eu lieu, puis mon associé et moi, nous serions responsables, si elle avait moins de seize ans. Aussi mon vieux gentleman, qui est très soigneux, ne veut-il que des filles au-dessus de cet âge.

« Cependant, le meilleur âge pour prendre les jeunes filles est de quatorze à quinze ans. A treize ans, elles sont encore presque des enfants, sous l'influence de leur mère; elles sortent de l'école; mais à quatorze ou quinze ans, elles commencent à s'émanciper sans avoir plus de sens, elles veulent de la toilette, de l'argent pour en acheter, sans savoir la valeur de ce qu'elles livrent en échange. Au-dessus de seize ans, elles deviennent plus raisonnables.

« — Vous paraissez connaître la loi, mieux que je ne la connais moi-même, dis-je.

« — C'est mon affaire, répondit-elle promptement. Ce serait trop bête pour moi de ne pas savoir ce que je peux et ne peux pas faire. Si nous ne connaissions pas la loi, nous pourrions nous créer des ennuis ainsi qu'à nos clients.

« — Mais comment arrivez-vous à connaître tous les points? lui demandai-je.

« — Par les journaux, me répondit-elle. Leur lecture est utile. Chaque semaine, je passe la plus grande partie du dimanche à relever dans le *Weekly Dispatch* et *le Lloyd's* les affaires relatives à ce sujet. Je coupe ce qui m'intéresse et le place dans un livre de référence. De cette manière, je sais très bien où je vais. Ainsi maintenant, à Walworth, un homme est accusé d'avoir emmené une fille de quinze ans. On lui a dit à la cour que s'il pouvait prouver qu'elle avait seize ans depuis un jour seulement, il serait acquitté. Je suis cette affaire avec beaucoup d'intérêt. »

XXX

La spécialité de leurs affaires

« — Faites-vous quelque chose avec l'étranger?

« — Non. Nous avons pour spécialité les vierges, les vierges authentiques. Elles ne se livrent qu'une fois par nos soins. Nos messieurs ne veulent pas des filles de seconde main, et rarement ils demandent deux fois la même.

« — Et que deviennent ces jeunes filles?

« — Elle retournent chez elles ou dans la position qu'elles occupaient.

Puis, après un moment de réflexion, elle ajouta :

« — Seulement, au bout d'un temps plus ou moins long, la plupart vont dans la rue. C'est très rare qu'elles y échappent. Cependant, il y a quelques exceptions.

« — En connaissez-vous, Z...?

« Miss Z... se souvint d'une ou deux.

« — Ont-elles des enfants?

« — Pas souvent, la première fois. Naturellement, nous leur disons qu'elles n'en ont jamais. Ces filles sont si stupides qu'elles croient tout ce qu'on leur dit. Cette petite fille que nous vous avons donnée, ne croyait-elle pas être déflorée, parce que la sage-femme l'avait touchée? Cependant, quelquefois elles ont des enfants.

« — Et, alors, elles en font reconnaître la paternité, je suppose?

« — Sur quelle preuve? dit la doyenne de l'association en riant. Nous prenons soin que les jeunes filles ne connaissent jamais le monsieur à qui nous les livrons. Le plus souvent elles ne connaissent pas notre adresse. Ainsi, j'ai à prendre, par exemple, une cuisinière, à l'heure de l'église, pour la livrer à M. —, dans Bedford-Square. Je la prends dans un cab. Les rues succèdent aux rues. Nous nous arrêtons du côté opposé de la maison. Nous entrons. La cuisinière verra un gentleman pendant une demi-heure, je suppose. Elle sera émue. Je la reprends ensuite et la ramène en cab. Elle ne reverra jamais ce monsieur. Pourrait-elle retrouver la maison? C'est douteux. Et souvent la maison n'est qu'une maison de passe. Que peut-elle faire? »

XXXI

Les cas de viol

« — Les jeunes filles ne se repentent-elles jamais, et ne refusent-elles pas, quand le moment est arrivé ?

« — Oh ! oui, souvent, répondit miss X..., quelquefois, nous avons un mal avec ces petites folles ! Vous voyez que, souvent, elles ne savent pas ce que c'est d'être livrées. Nous ne nous inquiétons pas beaucoup de le leur expliquer. C'est assez, pour nous, qu'elles consentent à « voir » un gentleman. Quelle signification elles attachent à ce mot ? cela ne nous regarde pas. Tout ce que nous leur demandons, c'est qu'elles viennent ici, et qu'elles soient convenables..

« — Vous veillez toujours à cela ? dis-je.

« — Certainement. Si une fille fait du tapage, elle perd son pucelage pour rien, au lieu de le perdre pour de l'argent. L'argument, qui frappe ces filles, est de les convaincre que bon gré mal gré elles seront livrées, avec cette différence que si elles sont aimables, elles recevront de l'argent, tandis qu'autrement, elles seront rejetées sur la rue sans un penny. Quelquefois, cependant, il y en a qui ne veulent entendre à rien. Vous vous rappelez Janie? dit-elle, en appelant au souvenir de miss Z...

« — Ah! certes! quel mal nous eûmes avec cette fille! Elle s'était enveloppée dans les rideaux du lit, elle criait, elle se débattait, de telle façon que mon amie et moi, nous dûmes la tenir de force pour la livrer au gentleman.

« — Ce n'est pas possible, interrompis-je.

« — Si, répondit-elle. Je la tenais par une épaule et miss Z... par une autre. Elle fut si épouvantée qu'elle cessa de crier et de hurler.

« — Cela me dégoûta tellement, dit la plus jeune associée, que je fus sur le point de renoncer aux affaires; mais je m'y remis. »

XXXII

Les bénéfices de l'association

« Cela rapporte, je suppose?

« — Oui, je n'aurais pas besoin de travailler. Si je le fais, c'est pour sauver les apparences et trouver des occasions. Mais, je peux faire ce que je veux, après avoir mis l'atelier en train le matin. Nous sommes payées pour le courtage.

« — 50 pour 100? demandai-je.

« — Cela dépend, dit l'aînée. Prenons le prix moyen de 5 livres (125 fr.) par fille neuve; quelquefois nous ne prenons qu'une livre (25 francs); mais d'autre fois nous prenons le tout et ne faisons qu'un cadeau à la fille. Cela dépend du mal que nous avons et du caractère de la fille. Il y a des filles si stupides!

« — Qu'est-ce que cela signifie?

« — Prenons Nance, par exemple. C'était une petite étourdie qui ne pensait pas à l'argent. Nous avons reçu 10 livres (250 fr.) pour Nance. Si elle en avait reçu la moitié ou le quart, cela lui aurait tourné la tête. Elle aurait acheté des robes, des colifichets sans fin, et sa maîtresse et sa mère se seraient aperçues de ses dépenses, et Nance aurait eu à subir des querelles de toutes sortes. Pour les lui épargner, nous ne lui avons donné qu'une livre; mais nous fûmes ensuite très bonnes pour elle, je lui donnai un chapeau, un vêtement et une paire de souliers. Je pense que nous avons dépensé deux livres pour elle.

« — Ainsi, elle aurait eu 3 livres en tout, et vous 7?

« — Oui, répondit miss X...; nous avons à sauver les filles d'elles-mêmes en gardant la plus grande partie de l'argent. »

Et la bonne dame se contemplait, avec l'admiration due au soin qu'elle prenait des intérêts des jeunesses stupides qui se mettaient dans ses mains expérimentées.

« — Dites-moi, demandai-je, quand les filles crient si fort, jamais personne n'intervient?

« — Non. Nous les mettons dans un endroit tranquille. Les gens de la maison nous connaissent et savent de quoi il s'agit. Dans les maisons privées, c'est encore plus secret. Elles ne crient pas pendant longtemps. Aussitôt la scène finie, elles prennent leur argent et s'en vont. Nous n'avons pas besoin de préparer des appartements spéciaux. Une chambre tranquille, dans une maison connue, nous suffit. Depuis quatre ans que je suis dans les affaires, je n'ai pas eu un seul cas d'intervention. »

XXXIII

Le choix des filles

« — Où trouvez-vous vos filles?

« — Parmi les femmes de chambre et les bonnes d'enfants, les gouvernantes. Les cuisinières et autres domestiques, nous en fournissent aussi quelques-unes. Nous connaissons les domestiques par les bonnes d'enfants. Des jeunes filles de la campagne, qui sont fraîches et roses, sont souvent trouvées dans les magasins ou quand elles vont faire des commissions. Mais les bonnes d'enfants sont notre grand corps de recrutement. Mon vieil ami, le docteur, me dit :

« — Choisissez parmi les bonnes d'enfants. Il y en a des quantités, le matin, à Hyde Park, et toutes vierges.

« Il insiste surtout quand nous n'avons pas pu le satisfaire, ce qui n'arrive pas souvent. »

La doyenne des associées répondit avec un orgueil, conscient de lui-même :

« — Cela demande du temps, de la patience et de l'expérience. Il faut quelquefois des mois de préparation, avant que les filles ne soient prêtes. Vous ne devez vous avancer que pas à pas, avec précaution. Chaque matin, à cette époque de l'année, mon amie et moi, nous sommes sur pied à sept heures et, après déjeuner, nous jetons un châle sur nos épaules et allons parcourir le Park. Hyde Park et Green Park sont ce qu'il y a de meilleur, le matin; Regent's Park, l'après-midi. Nous passons l'inspection des jeunes bonnes. Quand nous en avons remarqué une, nous nous mettons en relations avec elle : de semaine en semaine, nous la voyons aussi souvent que possible, jusqu'au moment où nous sommes entrées assez avant dans sa confiance pour lui insinuer combien il lui est facile de gagner quelques livres, en se trouvant avec un monsieur.

« Dans l'après-midi, nous enlevons notre châle, prenons un corsage et nous recommençons la même enquête. Nous avons ainsi toujours une bande de jeunes filles sous la main, et nous sommes toujours prêtes à en livrer une quand nous vient une commande. »

XXXIV

Je commande cinq pucelles

« — Soit, dis-je en veine de bravade. Pourriez-vous me livrer cinq filles, samedi prochain ?

« Nous étions alors au mercredi.

« — J'en ai besoin pour en détailler à mes amis. Pouvez-vous me les livrer avec certificats ?

« — Cinq, dit-elle, c'est beaucoup. Je pourrais vous en livrer trois immédiatement ; mais cinq ! c'est difficile d'en faire sortir autant de leurs places ! Mais nous essaierons, quoique je n'aie jamais livré jusqu'à présent plus de deux ou trois jeunes filles à la même personne. Cela ressemblera à une école, allant chez la sage-femme!

« — Ne vous occupez pas de cela. Montrez-moi ce que vous pouvez faire. »

Après divers pourparlers, nous tombâmes d'accord. Elles devaient me délivrer cinq jeunes filles à 5 livres (125 fr.) par tête, commission comprise. Mais, comme je devais acheter la livraison en gros, pour la rétrocéder en détail, il fut convenu qu'elles auraient une commission de 20 sh. (25 fr.) pour chaque certificat écrit qu'elles me donneraient, impliquant le nom et l'adresse de chaque fille consentant à venir, à deux jours d'avertissement, dans un endroit donné.

J'avais à payer les honoraires du docteur et les frais de cab.

XXXV

Les vierges certifiées

« Le marché fut conclu; Mmes X... et Z... se préparèrent à livrer leurs marchandises pour le samedi suivant. A cinq heures et demie, à un certain point de Marylebone Road, non loin d'une très fashionable maison de passe tenue par Mme B..., j'attendais l'arrivée du convoi.

« Quelques minutes après, je vis les deux dames arrivant seulement avec trois filles. L'une était jolie, grande et paraissait avoir environ seize ans; les deux autres étaient plus jeunes et avaient la charpente lourde.

« Les procureuses ne tarissaient pas d'excuses. Elles étaient allées jusqu'à Highgate pour compléter le chiffre de cinq, mais il était impossible à deux des filles de quitter leur place le samedi. Elles viendraient le lundi, sans faute. Comme compensation, ces dames en amenèraient trois le lundi, ce qui ferait six en tout. Peut-être aussi cela valait-il mieux de ne pas avoir montré cinq femmes allant ensemble chez le docteur...

« Elles paraissaient avoir chaud et être fatiguées; elles avaient dépensé 6 sh. en cabs. La grande jeune fille leur avait donné beaucoup de mal, mais enfin, elles avaient fini par l'avoir.

« Nous allâmes chez le docteur.

« Aucune de ces jeunes filles ne connaissait les autres. Il ne leur fut pas permis de se parler ni même de se donner la main. Quant à mon nom, les procureuses ne le savaient pas elles-mêmes.

« Nous allâmes chez le docteur.

« Les jeunes filles furent examinées une à une. Elles ne firent pas de résistance.

« L'examen fait, chacune signa un formel engagement de se livrer; mais au grand désappointement de deux des jeunes filles, le médecin leur refusa un certificat de virginité. Il ne pouvait pas dire qu'elles n'étaient pas vierges; mais techniquement, ni l'une ni l'autre n'était *virgo intacta*.

« Je leur donnai alors 5 sh. (6 fr. 25) par tête pour le dérangement que je leur avais causé; je payai Mmes X. et Z. — pour celle qui avait eu son certificat et m'en allai avec les deux documents suivants :

« — — W.

« juin 27 1885.

« Je certifie que j'ai examiné aujourd'hui — D —
« âgée de 16 ans; et que je l'ai trouvée vierge.

« — — M. D. »

« Consentement.

« Je consens à me livrer, pour une somme de
« trois ou quatre livres. Je me rendrai au rendez-
« vous que vous m'assignerez par un avis envoyé
« deux jours d'avance.

« Nom — D. — âgée de 16 ans.
« Adresse — N° 11 — Street. H. »

« Les deux qui n'avaient pas reçu de certificat

signèrent un engagement différant seulement de nom, d'âge et d'adresse.

« Rien de plus régulier que cette négociation qui ne différait des affaires ordinaires de Mmes X... et Z... que par un point : — Je me contentai du certificat et de l'engagement au lieu d'exiger la prise de possession.

« Je dois ajouter que le médecin était dans le secret; mais beaucoup de médecins se seraient prêtés à cette opération sans scrupule.

« Les procureuses étaient bouleversées par le rejet des deux tiers de leur livraison. Les filles étaient indignées que leur chasteté eût paru suspecte ; et après tout, elle pouvait être réelle. Mais, en femmes d'affaires, les associées décidèrent d'exécuter leur commande sans plus de bruit. Le lundi suivant, les bonnes d'enfant furent amenées au docteur. Elles étaient vierges toutes les deux.

« Je pris des certificats et leur consentement semblables à ceux que je viens de citer, avec cette différence que le prix était laissé en blanc.

« Ainsi, en six jours, je m'étais procuré trois vierges certifiées et deux sans certificat. Ce n'était pas cependant complet ; et Mmes X... et Z... insistèrent pour me livrer les cinq. J'en avais demandé cinq, et elles m'en donneraient cinq. Elle ne me demandaient qu'un ou deux jours de répit.

« Vendredi matin, 3 juillet dernier, elles arrivèrent chez le docteur avec quatre jeunes filles : trois étaient âgées de quatorze ans, une autre, fille de cuisine dans un grand hôtel du West-End, avait dix-huit ans. Chose singulière ! une seule fut trouvée vierge authentique. C'était la plus vieille.

« Mmes X... et Z... étaient indignées.

« — Je n'ai jamais vu rien de pareil à ces petites filles. Ce sont maintenant toujours les jeunes qui ne peuvent pas supporter l'examen du médecin, s'écria miss X...

« Le prix de la jeune fille était de cinq livres. Je pris son certificat et son consentement. Je pris également cette dernière pièce pour une des jeunes filles âgées de quatorze ans et assurai ces dames que j'étais content. Elles m'avaient délivré neuf filles en dix jours, sur lesquelles quatre certifiées vierges et cinq douteuses. J'avais les consentements signés des quatre vierges et de trois douteuses, se déclarant prêtes à se livrer où et à qui je voudrais, pourvu que je les prévinsse deux jours avant, pour un prix total de 24 à 29 livres sterling. Les honoraires du médecin, les diverses dépenses, etc., se montaient de 10 à 15 livres. Je pouvais détailler ces filles à 10 livres en moyenne, et faire un joli bénéfice sur la transaction.

XXXVI

La livraison

« Mmes X... et Z... n'avaient pas cependant l'intention de me permettre de prendre livraison de mes vierges, sans leur intervention.

« Elles avaient bien recommandé aux jeunes filles de donner de fausses adresses, de manière que je ne pusse les obtenir que par leur intervention.

« C'était une entorse au contrat de la part de ces dames, que je découvris quand j'envoyai convoquer ces jeunes filles pour le rendez-vous.

« Je le leur reprochai ; elles alléguèrent comme excuse que si j'étais entré en communication directe avec ces jeunes filles, j'aurais pu mettre en éveil leurs parents ou leurs maîtres.

« En réalité, elles voulaient s'assurer un moyen de recevoir les 50 pour 100 de commission dont elles chargeaient leurs victimes pour leur bienveillante intervention.

« J'ordonnai de livrer deux de ces jeunes filles pour le samedi soir, 4 juillet dernier.

« Elles n'avait été prévenues que six heures d'avance au lieu de quarante-huit, mais elles furent amenées au musée de Mme Tussaud à sept heures précises.

Mmes X... et Z... étaient présentes, et insistèrent d'abord pour accompagner les jeunes filles au lieu de la livraison.

« Pour plusieurs raisons, je ne pouvais le permettre; mais je devais d'abord payer une livre (25 fr. par tête), avant de délivrer ces filles de leurs griffes.

« Mon ami les conduisit rapidement dans un cab qui prit une direction opposée à celle de l'endroit où je les attendais, puis retourna sur ses pas, quand les procureuses l'eurent perdu de vue.

« Elles avaient stipulé cependant que les jeunes filles devaient être ramenées chez Mme Tussaud à neuf heures.

« Les deux jeunes filles, garanties vierges, étaient parmi les plus vieilles.

« L'une, Bessie, la cuisinière, avait été destinée au docteur, — qui prenait trois vierges par quinzaine.

« Elle m'était adressée cependant au profit d'un ami imaginaire à qui j'étais censé devoir la rétrocéder.

« Elle avait dix-huit ans. Son père était mort.

La mère était adonnée à la boisson. Elle se trouvait dans une bonne situation comme fille de cuisine dans un hôtel de première classe.

« Elle vint cependant, parfaitement préparée à se livrer, croyant apparemment que c'était une chose obligatoire, quoique ses idées fussent un peu brumeuses.

« Je lui dis qu'avant de la livrer à mon ami, je désirais avoir la certitude complète, d'abord, qu'elle savait ce qu'elle allait faire et ensuite qu'elle avait calculé les conséquences de son acte.

« — J'imagine, dit-elle, que je dois maintenant aller jusqu'au bout, qu'il s'agisse de quoi que ce soit.

« — Oh! non, répondis-je; ce serait le cas partout ailleurs, mais ici, il vous suffit de dire que vous ne voulez pas, et vous serez libre.

« En causant avec elle, je trouvai qu'elle n'avait pas eu l'idée de se livrer jusqu'à une époque qui pouvait remonter à un mois. Miss X... lui avait fait cette proposition à ce moment, lui disant que chaque jeune fille passait par là et que c'était un moyen facile de gagner de l'argent.

« D'abord, elle s'était indignée et avait été un peu effrayée. Mais une camarade d'école l'avait assurée que ce n'était pas si effrayant, et la procureuse, pour se servir de ses propres termes, « avait si bien empoisonné son esprit qu'elle sentait qu'elle devait aller jusqu'au bout ». Et elle avait consenti. La Société X... et Z... lui avait donné deux livres 10 sh. (62 fr. 50) et avait gardé le reste.

« Elle ne pensait pas à la question de l'enfant. Ces dames avaient dit qu'on n'avait jamais d'enfant la première fois.

« Elle savait qu'elle avait tort de faire ce qu'elle faisait, que sa mère serait très fâchée si elle l'apprenait, et elle ajoutait que si elle devenait enceinte, elle se ferait avorter ou se jetterait à l'eau.

« Cependant elle concluait qu'elle préférait se livrer.

« — Il paraît que maintenant il y a très peu de jeunes filles vertueuses, disait-elle pour s'excuser à ses propres yeux.

« Je l'envoyai alors dans une autre pièce où se trouvait une dame, et je m'occupai de la seconde jeune fille qui avait attendu séparément.

« C'était une très jolie, simple, très affectueuse jeune fille de seize ans, très différente des autres; mais d'autant plus incapable de comprendre les conséquences de son acte.

« Son père « avait quelque chose », c'est-à-dire était fou; sa mère était femme de ménage; elle travaillait dans une manufacture, où elle gagnait 5 shillings (6 fr. 25) par semaine. Il n'y avait qu'un ou deux mois qu'elle avait cessé de fréquenter l'école du dimanche. Tout prouvait que cette jeune fille était au-dessus de la moyenne.

« On devait payer pour elle 4 livres (100 fr.), sur lesquelles la société X... et Z... en prélevait deux.

« La pauvre petite fille était nerveuse et timide, et il était touchant de la voir mordre ses lèvres pour essayer d'arrêter ses larmes. Je lui parlai aussi doucement que possible et essayai de la détourner de sa fatale résolution en lui montrant les conséquences possibles.

« Je crois qu'elle était très franche et très sincère. Une seule chose l'effrayait dans l'acte pour lequel elle était venue : c'était de se déshabiller.

« Ses lèvres tremblaient et ses yeux se remplissaient de larmes, quand elle suppliait d'échapper à cette nécessité.

« Elle savait bien qu'elle devait perdre sa virginité », mais elle n'avait pas la moindre idée de la signification exacte de ces mots.

« Quand je lui demandai ce qu'elle ferait si elle avait un bébé, elle se leva et me demanda :

« — Mais est-ce que les bébés viennent parce qu'on a été livrée? Je ne sais pas.

« — Mais ces dames doivent vous l'avoir dit.

« — Non, pas du tout. Au contraire. Elles m'ont dit que les enfants ne venaient jamais la première fois.

« Néanmoins, l'enfant persistait à vouloir se livrer.

« — Nous sommes très pauvres, disait-elle, ma mère ne sait rien; mais elle pensera qu'une amie de miss Z... m'a donné de l'argent. Elle en a tant besoin !

« — Mais, répondis-je, il ne s'agit que de deux livres (50 fr.).

« — Oui, me dit-elle, mais je ne voudrais pas non plus donner une déception à miss Z..., qui doit aussi toucher deux livres.

« Et continuant de la questionner, je découvris que, les mois précédents, miss Z... avait très habilement avancé de l'argent à la pauvre fille et à sa mère, de manière à les tenir quand le moment serait venu.

« Elle continuait de dire que miss Z.., avait été très bonne pour eux; elle ne voudrait pas lui causer un désappointement.

« — Combien à peu près vous a-t-elle donné ?

« — Environ 10 sh. (12 fr. 50), mais je pense qu'elle a donné davantage à ma mère.

« — Combien à peu près?

« — Peut-être 20 sh. (25 fr.) en tout.

« — C'est-à-dire que, depuis un an, miss Z... vous a donné un shilling par-ci par-là? et pourquoi? Écoutez-moi. Elle a déjà reçu, de ma part, 3 livres pour vous, et vous lui en donnerez deux;

c'est-à-dire qu'elle prendra 5 livres, tandis que vous n'aurez que 30 sh., et elle aura vendu votre déshonneur !

« — Oh ! mais miss Z... est si bonne !

« Pauvre petite fille, si confiante ! Quel art damnable la procureuse avait-elle dû employer pour l'attacher à elle de cette façon ! Cette malheureuse était complètement incapable de calculer les conséquences de son acte, comme le prouve la conversation suivante :

« — Maintenant, lui dis-je, si vous vous livrez, vous toucherez 2 livres, mais vous perdrez votre virginité : vous aurez commis une faute, vous ne serez plus ce que vous êtes en ce moment, et vous pouvez avoir un enfant qui vous coûtera tout ce que vous pourrez gagner. Je vais vous donner 1 livre si vous voulez ne pas vous livrer. Voulez-vous?

« — S'il vous plaît, monsieur, je vais me livrer !

« — Mais, regardez donc le tort que vous vous faites, la honte, une maternité possible, la condamnation à vous traîner dans les rues, et tout cela pour une livre !

« — Oui, monsieur, répondit-elle en fondant en larmes ; mais, nous sommes si pauvres !

« N'est-ce pas là une preuve décisive que, même une jeune fille de seize ans, peut n'avoir pas la plus légère notion de la valeur de l'acte que la loi la reconnaît comme complètement capable d'apprécier le lendemain du jour où elle a eu ses treize ans?

XXXVII

L'âge et la loi

« On oppose, aux partisans de *l'Amendement criminal Law*, deux assertions qui se détruisent réciproquement.

« D'un côté, on déclare qu'il est complètement inutile d'élever l'âge des jeunes filles, parce qu'on trouve dans les rues beaucoup de prostituées âgées de moins de treize ans; et, d'un autre côté, que la prostitution, au-dessous de l'âge de quinze ans, a cessé pratiquement d'exister.

« Cette double assertion est complètement fausse. On ne trouve pas beaucoup d'enfants au-dessous de treize ans dans les rues; il y en a beaucoup, au contraire, entre treize et seize ans.

« Sans doute, beaucoup d'enfants ont été déflorées avant leurs treize ans, mais par l'inceste, qui provient de l'entassement des familles dans des logements trop étroits.

« Malgré des offres considérables d'argent, je n'ai pas pu obtenir une seule petite fille au-dessous de treize ans : on m'en a promis au-dessous de douze ans, même; mais, vérifications faites, toutes avaient plus de treize ans.

« Sans doute, avec le temps, j'aurais peut-être découvert une ou deux douzaines de petites filles de onze ou douze ans, menant une vie immorale; mais elles sont aussi difficiles à trouver que les petits garçons de même âge qui mènent une semblable existence.

« La *Rescue Society* (la Société de sauvetage), de Finsbury-pavement, qui existe depuis trente et un ans, a conservé, depuis vingt-cinq ans, un rapport des âges auxquels les jeunes filles qu'elle a sauvées avaient été déflorées.

«La loi n'éleva l'âge permis à treize an s qu'en 1875. Voici le nombre annuel des enfants qui avaient été livrées pendant la période de 1862 à 1875 : 33, 55, 65, 107, 102, 103, 77, 60, 78, 62, 40, 43, 30; total : 855 ou 66 par an, entre douze et treize ans. De 1875 à 1883, voici les chiffres : 22, 24, 19, 20, 16, 14, 10, 7; total : 147. Moyenne annuelle, 16.

« On doit remarquer que le nombre total sauvé en 1883 était juste la moitié de celui sauvé en 1867; mais alors même le nombre des enfants déflorées, à douze et treize ans, a été réduit de moitié, probablement grâce à l'élévation de l'âge.

« Toutes les personnes qui sont le mieux à même d'apprécier les effets de la loi réclament avec la plus grande énergie l'élévation de l'âge. La loi est presque la seule barrière qui puisse arrêter un appétit de plus en plus dépravé pour l'enfance des deux sexes. Que ce goût dépravé existe, nous n'avons pas besoin, pour le prouver, de chercher ailleurs que dans les nombruex refuges et maisons pour les enfants qui, dans ces dernières années, ont été ouverts dans le voisinage de Londres.

« Dans le marché courant, l'offre n'en est pas moins limitée aux filles qui ont plus de treize ans. »

XXXVIII

Une enfant

« Nous n'avons pas heureusement besoin d'insister sur ce révoltant caractère de criminalité, parce qu'il est reconnu par la loi : aussitôt le coupable découvert, il est frappé ; et je n'ai pour objet que de dénoncer les crimes commis avec la connivence de la loi.

« Mais il n'en est pas moins utile de montrer les cas où même la crainte de la prison avec travail forcé n'a pas détourné les hommes de la perpétration de ces odieux attentats; car il faut prouver la nécessité de rendre plus solide l'obstacle qui seul peut protéger les enfants contre les appétits des hommes dissolus.

« Annie Bryant est âgée de cinq ans. Cependant elle a été victime d'un viol, commis dans le New-Cut, le 28 mai, à la fois par un jeune homme, nommé William Hemmings, et par son compagnon de chambre. L'acte fut consommé, et il est douteux que la pauvre petite malheureuse puisse jamais se rétablir des désordres causés. Le misérable a été condamné à deux ans de servitude pénale, mais son complice a échappé. Un gâteau de deux sous avait été l'appât qui avait attiré l'enfant.

« Comme je la tenais sur mes genoux et faisais son bonheur avec une pièce de six pence (12 sous), la patronne du refuge me raconta que chaque soir, avant de se coucher, la pauvre petite fille frissonnait et criait, et murmurait à son oreille; il fallait la rassurer, lui montrer que la porte était fermée, et qu'aucun homme méchant ne viendrait la troubler dans son sommeil. Il y avait trois semaines que l'attentat avait été commis, et chaque soir, la même scène recommençait. »

XXXIX

Autres faits

« Cet exemple n'est pas isolé.

« Une fille de dix-huit ans, qui maintenant est une des habituées de « Regent street », avait une petite sœur de cinq ans; elle fut violée par un monsieur qu'elle avait amené chez elle.

« Il avait profité de quelques instants, pendant lesquels elle avait quitté la chambre, pour déflorer la petite fille, qui dormait tranquillement dans un coin.

« L'homme, dans ce cas, ne fut pas poursuivi.

« Presque toujours les enfants qui sont envoyées dans les refuges à l'âge de dix, onze et douze ans, sont des enfants de prostituées, précipitées prématurément dans l'existence à laquelle elles étaient vouées.

« Il y a, dans les refuges, des enfants de cinq ans qui, si, au point de vue technique, ne sont pas déflorées, n'en sont pas moins des sortes d'animaux dévorés de dépravation : la loi de l'hérédité est aussi vraie dans les *brothels* que partout ailleurs.

« Une mère jette sur la rue sa petite fille âgée de dix ans, qui est maintenant à Saint-Cyprien, en lui disant : — Vis comme tu pourras !

« A Saint-Mary's-Home (au Refuge de Sainte-Marie), on ne reçoit pas d'enfants au-dessus de seize ans et au-dessous de douze ans. Il y en a une cinquantaine. Dans quatre cas, l'homme fut puni.

« La proportion des victimes parmi les jeunes filles au-dessus de seize ans est relativement petite, comparée à celle des jeunes filles de treize et au-dessus.

« M. Hastings voulait fixer l'âge de la liberté du consentement à six ans; M. Warton réclamait même un âge inférieur. Si leur avis avait été adopté, nous aurions probablement des maisons dans lesquelles des enfants de quatre, cinq ou six ans seraient déflorées de leur « propre consentement. »

« Quel blasphème ! »

XL

Les enfants prostituées

« Il a été établi, dit le rapport du Refuge de Hampshire, qu'il n'y a pas moins de 10,000 petites filles « vivant dans le péché, dans l'Angleterre « chrétienne ».

« Je ne sais pas si ce chiffre est exact, mais je ne doute pas qu'il n'y ait une masse de jeunes filles prostituées, et que leur nombre n'augmente.

« Le rapport du comité de la Chambre des lords de 1882 dit :

« Les témoignages recueillis par le comité mettent au-dessus de tout doute que la prostitution des jeunes filles, à un âge si tendre qu'il est presque incroyable, s'étend en Angleterre et spécialement à Londres. Nous ne pouvons exactement exprimer la gravité du mal aussi bien au moral qu'au physique, mis ainsi en lumière, et la nécessité de prendre de rigoureuses mesures pour l'arrêter. »

« Malheureusement le mal, au lieu d'avoir été coupé, est, selon l'opinion des chapelains de nos prisons, plutôt en voie d'augmentation. La plupart des victimes ont treize, quatorze et quinze ans.

« Les maisons du West-End, du meilleur genre, c'est-à-dire celles où une dépense préliminaire d'une bouteille de Champagne d'un souverain (25 francs) est indispensable, où le prix, non compris le vin et les bonnes mains, est de 5 livres (125 francs), ne fournissent que difficilement de toutes jeunes filles.

« Je dois dire que, au moment de mon enquête, toute la corporation était sous le coup de la crainte qui résultait de l'affaire dans laquelle miss Jeffries avait dû plaider coupable pour sauver ses clients d'un éclat.

« Les maisons françaises, espagnoles et anglaises, dans les quartiers fashionables, où, dit-on, vous pouviez trouver un membre du cabinet et être pourvu de petites filles, s'indignent maintenant si un étranger leur demande ce qu'elles ne fournissent qu'à leurs anciens clients.

« Cependant, dans une villa du nord de Londres, je trouvai une jolie petite fille de quatorze ou quinze ans, grande pour son âge, singulièrement attrayante dans son innocence enfantine.

« D'abord, le tenancier de la maison nia avoir aucun article de ce genre; mais, quand je lui eus donné une référence, il reconnut le fait, et rendez-vous fut pris.

« Il y avait une autre fille dans la maison, une vraie *harlot*, à la mine effrontée, dont le vice exubérant servait à faire ressortir la beauté enfantine et pure de sa compagne.

« J'éprouvai un sentiment de pitié en voyant les pauvres petits traits délicats, pas beaucoup plus développés que ceux d'une poupée, de cette jeune fille, quand elle entra dans la chambre, son manteau de fourrure serré autour d'elle, et me demanda timidement si je voulais du vin.

« Pauvre enfant, le matin, elle avait subi l'examen et était fatiguée et déprimée ! Elle était si jeune, si enfant ! C'eût été une profanation de la toucher, et cependant elle était à la discrétion du premier venu, moyennant argent ; et elle avait une apparence si modeste, sur ses joues encore la fraîcheur de l'enfance et le regard pathétique et timide d'une jeune biche effrayée. Elle m'apparut comme une damnée.

« — J'ai vu de vieux messieurs, me dit-elle, presque rien que des vieux messieurs. Quelquefois, cependant, cela a été pire ; mais j'aime la vie, et le vin, ajouta-t-elle en essayant d'esquisser un sourire, oh ! beaucoup, le vin !

« Cependant elle laissait son verre intact.

« Pauvre enfant ! Quand je quittai cette maison criminelle, fuyant confus la présence de cette enfant avec ses yeux de bébé, je dis à la femme qui m'ouvrit la porte :

« — Elle est vraiment trop bonne pour cela, cette pauvre enfant.

« — Attendez un peu, me répondit-elle en me regardant du coin de l'œil. Elle est très jeune. Elle vient d'avoir quatorze ans et d'arriver ici. Venez dans une couple de mois, et vous verrez un grand changement.

« Un grand changement, en vérité! Plût à Dieu qu'elle mourût avant! »

XLI

La protection des criminels par la loi

« Cet effroyable développement de ce vice fantastique est directement encouragé par la loi qui désigne toutes les jeunes filles au-dessus de treize ans, comme un bon gibier pour l'homme.

« C'est seulement dans le printemps de cette année qu'un homme fut poursuivi pour un attentat à la pudeur sur une enfant. Il fut prouvé qu'il avait violé plus d'une douzaine de petites filles, âgées juste de treize ans, qu'il avait entraînées à l'écart, par des promesses de gâteaux. Certes elles ne savaient pas ce qu'il leur voulait. Il avait abusé d'elles, cependant il restait dans la légalité, car elles avaient toutes l'âge légal. Un jour, il prit une petite fille trop jeune et alors fut puni.

« Le révérend J. Horsley, le chapelain de Clerkenwell, disait l'année dernière :

« — Il y a un monstre qui est employé dans un respectable établissement. Il est âgé de cinquante ans. Pendant des années, il s'est fait un jeu de déflorer et de corrompre des enfants. Il y a peu de temps, la preuve de seize cas fut faite contre lui devant un magistrat des bords de la Surrey. Les enfants étaient toutes effroyablement blessées. Quelques-unes en garderont des traces toute leur vie.

« Quatorze d'entre elles avaient plus de treize ans, et on ne put pas démontrer qu'elles n'avaient pas donné leur consentement. La femme de ce misérable dit que, selon elle, il devait être brûlé. D'après la loi anglaise, nous pouvions à peine atteindre ce monstre de dépravation, lui infliger au plus une légère amende. »

XLII

Temps prohibé pour les jeunes filles

« Avant le 14 août, c'est un crime de tuer une grouse, de peur qu'elle ne fût encore trop jeune pour voler. Le sportman qui désire chasser la perdrix à travers les chaumes doit attendre jusqu'en septembre et plus tard encore pour les faisans.

« Admettons que les femmes ne soient qu'un

gibier comme les grouses et les perdrix, pourquoi n'avons-nous pas un temps prohibé pour les bipèdes en jupon comme pour les bipèdes à plumes?

« A présent, le temps prohibé est fixé d'une manière absurde.

« Le lendemain du jour où la jeune fille a accompli ses treize ans, elle peut disposer de sa personne en faveur du premier acheteur venu. Un sac de bonbons, une jolie plume, un bon dîner, une soirée de théâtre, sont suffisants pour lui permettre de perdre en une heure ce qu'elle ne pourra jamais recouvrer.

« C'est mal.

« Cela ne donne pas aux jeunes filles la chance de pouvoir échapper. Il faut au moins leur permettre d'atteindre la maturité physique. Les poissons trop jeunes ne sont pas bons à manger. La loi doit au moins être aussi stricte à l'égard des jeunes filles vivantes qu'à l'égard des saumons morts.

« Maintenant, quel est l'âge de la puberté pour les jeunes filles anglaises?

« Un médecin, le Dr Lowndes, célèbre chirurgien de Liverpool, qui me fut recommandé, par M. Cavendish Bentinck, comme un grand partisan des *Contagious diseases acts*, dit : Je voudrais vous dire pourquoi tant de médecins sont partisans d'élever l'âge des jeunes filles : c'est que la plupart ne sont aptes à l'acte sexuel physiquement et médicalement que longtemps après treize ans. Mon collègue du *Lock Hospital* (1) a une jeune fille de dix-neuf ans, qui a été prostituée pendant quelque temps, et qui vient seulement d'atteindre sa puberté. On cite bien des cas de maternité à onze ans, mais ils sont très exceptionnels ; et, pour moi, tout rapport sexuel, avant l'âge de la puberté, est un odieux attentat.

« Cet odieux attentat n'est pas puni par la loi. Il est commis et commis journellement avec impunité pour l'homme, et de terribles conséquences pour la femme.

« De tels enfants sont aussi beaucoup plus susceptibles de contamination que des femmes faites.

« Scientifiquement, le temps prohibé devrait donc s'étendre au moins jusqu'à la seizième année. Ce fut l'âge accepté par la Chambre des lords à deux reprises, l'âge qu'avait promis de faire insérer dans le bill sir William Harcourt, ministre de l'intérieur ; le projet adopté à ce jour (8 juillet) n'étend l'âge que jusqu'à quinze ans. »

(1) Hôpital spécial destiné surtout aux maladies vénériennes.

XLIII

La prostitution des jeunes filles dans l'Est et l'Ouest de Londres

« Dans les quartiers de l'Est, le vice est beaucoup plus naturel que dans l'Ouest de Londres. J'ai fait la connaissance de quelques-unes des plus jeunes prostituées que l'on puisse se procurer.

« La *Congregational Union* a donné un souper à soixante-dix jeunes prostituées, à *Bridge of Hope* (au pont de l'Espérance), de miss Steer. Autant que j'ai pu en juger, très peu avaient moins de quinze ans.

« Au-dessous de Ratcliff-Highway (le quartier des matelots), et dans les environs, on en trouve de quinze et seize ans; mais le goût pour les extrêmes jeunesses ne paraît pas développé dans la population de l'est. Il y a bien des cas de rapports sexuels, pour des jeunes filles de l'âge le plus tendre, mais ils diffèrent complètement de la prostitution.

« Quant aux maisons très fashionables, comme celle de madame Jeffries, celle de mesdames B..., et J... et autres, on n'exécutera pas immédiatement l'ordre d'un étranger demandant de très jeunes filles. On les réserve pour les anciens clients.

« Dans Edgware-Road, deux tenanciers de maison de passe furent assez vertueux pour refuser deux jeunes filles âgées de quatorze ans; mais ils étaient surveillés par un comité de vigilance.

« Dans une des maisons élégantes de Park-lanes, on demanda si elle était disposée à recevoir une très, très jeune fille avec un très vieux gentleman.

« — Naturellement non, répondit-on ; mais vous imaginez-vous que nous demandons l'acte de baptême à toutes les dames qui viennent ici?

« Je m'assurai que je pouvais y amener qui me conviendrait et qu'on ne m'adresserait aucune question.

« Dans Regent street, le Quadrant et les environs, je me suis assuré qu'on pouvait emmener, sans objection de la part des tenanciers, des jeunes filles de treize ans, ramassées sur la rue, dans toutes les maisons de réunion. Ces enfants n'étaient certainement pas pubères. Elles disaient qu'elles avaient quinze ans ; mais elles mentaient évidemment. Elles vont habituellement par deux, partageant leurs gains. Il y en a toujours une plus âgée qui sert de guide et de protectrice à l'autre.

« Leur histoire est toujours la même.

« Elles sont très pauvres, le travail ne va pas, à la maison on leur reprochait chaque morceau, elles sont sorties avec des filles et ont suivi leur exemple.

« Quelquefois elles disent qu'un gentleman les a emmenées chez lui et les a déflorées.

« Quelques-unes sont sous la protection de quelque vieil homme et initiées à tous les raffinements du vice. Beaucoup d'entre elles travaillent dans le jour et font le quart jusqu'à dix ou onze heures. Elles fréquentent certains cafés et autres maisons de racolage.

« Il est inutile d'insister plus longtemps sur ce côté de la question.

« Au moment où j'écris ces lignes (parues le 8 juillet) j'ai l'engagement d'un tenancier d'une maison près de Regent street, de me livrer, quelques heures après avoir reçu une ligne de moi, une jeune fille de quatorze ans. Je suis convaincu qu'il le tiendrait loyalement.

XLIV

La perte d'une jeune fille — L'enfant diable

« Il est plus difficile de venir à bout de ces jeunes filles, dit le rapport de *la Rescue society* (la société de sauvetage) pour 1883, que des femmes, parce qu'elles sont si familières avec le péché qu'elles n'ont jamais éprouvé la pudeur si naturelle à la femme.

« La directrice d'un *Lock hospital*, une bonne, bienveillante, maternelle femme, m'assurait que, d'après leur pénible, mais presque invariable expérience, une jeune fille une fois déflorée semblait éprouver une dépression morale : une honteuse passion pour l'homme semblait entrer dans la victime de la luxure et elle ne recouvrait jamais la première pureté de son âme.

« Les conséquences physiques sont terribles. Voici l'histoire d'une enfant qui, déflorée à l'âge de 11 ans, avait gagné sa vie pendant deux ans en se prostituant dans l'*East-End*.

« — Emily. Petite pour son âge, épaisse et

forte ; une figure gaie avec des expressions très variables ; quelquefois un regard vieux d'une expression effrayante, d'autres fois une apparence d'enfant. Elle me dit qu'elle n'avait jamais eu un jouet dans sa vie, qu'elle n'était même jamais allée dans un jardin.

« Je la trouvai effroyablement malade et l'envoyai au *Lock hospital*. Au bout de six semaines, je la trouvai engraissée, en bonne santé, mais d'une dépravation épouvantable, l'esprit perdu par la vie qu'elle avait menée et dont elle aimait à parler.

« On l'appelait l'Enfant-Diable, et elle méritait bien ce nom.

« Offensée, elle aurait crié comme si on la tuait, quoique personne ne la touchât. Un regard pouvait la mettre hors d'elle. Personne ne paraissait pouvoir l'apaiser. Si elle le pouvait, elle sortait et se couchait dans des touffes de réséda, y plongeait sa tête et devenait calme.

« — Excuse pour sa paresse et sa méchanceté ! dira-t-on.

« Mais je la vis renouveler cette scène une douzaine de fois, et donnai l'ordre de ne pas l'empêcher d'aller dans le jardin.

« Un jour, je la vis pousser ses cris habituels le long d'une large allée, puis s'asseoir sous un pommier, puis plonger sa tête dans un massif de fleurs et de verdure, y étouffer ses cris et ses sanglots et peu à peu revenir à un calme parfait.

« J'allai alors à elle et lui dis :

« — Pourquoi allez-vous toujours dans ce coin? Le réséda vous fait-il du bien et vous empêche-t-il d'être méchante?

« — C'est le diable qui me rend si mauvaise, répondit-elle au bout d'un instant, et je pense que le parfum des fleurs le renvoie.

« Chose étrange que le parfum du réséda pût calmer les nerfs détraqués de l'Enfant-Diable qui probablement, auparavant, n'avait jamais respiré l'odeur d'une fleur!

« Trop souvent, ces enfants déflorées si jeunes vont d'une sorte d'imbécillité à des crises de cris sauvages; et elles ont raison de crier, car leur lot est pire que celui des petites esclaves du métier dont Mme Browing a dit :

« Orphelines de tout amour dans le ciel et sur la terre, qu'elles pleurent! qu'elles pleurent! »

XLV

Comment la loi favorise l'enlèvement

« On dit quelquefois que c'est aux parents de surveiller les enfants. Supposons qu'une enfant de treize ans, soit poussée par son tempérament ou, séduite par les agissements d'une procureuse, franchisse une fois le seuil d'une maison de passe (*brothel*), que pourront faire les parents ? La tenancière de la maison peut fermer la porte au nez du père. Si elle avait volé une poupée, il pourrait obtenir un mandat de recherche pour la poupée, mais comme il ne s'agit que de sa fille, la porte s'interpose entre lui et elle.

« Il est vrai que reste le mode de procédure par *habeas corpus*, mais il est si compliqué et si coûteux que pratiquement il est hors de portée du pauvre.

« Dernièrement, l'auteur d'un rapt a pris une consultation pour savoir comment il pourrait empêcher le père de reprendre possession de son enfant. Voici la réponse :

« — Refus de le laisser pénétrer dans la maison. Vous pouvez garder l'enfant jusqu'à ce que l'*habeas corpus* soit obtenu. Au plus tôt, cela demande vingt-quatre heures. Toutes les formalités dureront une semaine environ, et le prix sera de 30 à 50 livres sterling (de 750 à 1,250 fr.).

« De quel usage peut être un remède qui ne peut être appliqué, au plus tôt, qu'au bout de vingt-quatre heures, quand une jeune fille peut être déflorée en dix minutes? encore l'*habeas corpus*, qui exige une pareille dépense préalable, est hors de la portée du pauvre.

« Prenons un autre cas. Au mois d'août 1884, un homme a tenu, dans Hull, une maison d'enfants, connue sous le nom d'*Enfant school* (école d'enfants). Il n'avait pas moins de quatorze petites filles, les plus vieilles, âgées de quinze ans et d'autres de douze.

« Des mères étaient venues à la maison pour réclamer leurs enfants et elles avaient été chassées par le tenancier, sans pouvoir emmener leurs enfants ni même les voir.

« Heureusement, le vieux misérable avait vendu à boire sans licence. Pour ce délit, et non pas pour le vol d'enfants, la police pénétra dans sa maison et le fit condamner. Légalement, il n'y a pas de rapt quand la jeune fille n'est pas sous la garde de son père au moment de son enlèvement.

« Un cas qui s'est présenté devant le tribunal de police d'Hammersmith, au mois de mars dernier, montrera la facilité, pour un homme, de s'emparer impunément d'une jeune fille.

« Walter Franklin, demeurant dans North-Avenue, à Fulham, fut poursuivi pour avoir illégalement enlevé à son maître, contre la volonté de son père, une jeune fille, Annie Summers, âgée de moins de seize ans. Au nom de la société de protection des jeunes filles, M. Gregory vint soutenir l'accusation. La jeune fille, qui était âgée de quatorze ans, était en service; elle avait trouvé le prévenu en allant chez son père chercher du linge. Il l'avait engagée à venir chez lui, l'avait gardée toute la nuit, puis l'avait renvoyée le matin. Elle fut trouvée par son père à Chelsea. M. Sheil, en invoquant le précédent « Queen and Miller » (la Reine et Miller), soutint que l'accusation était sans fondement, car la jeune fille n'était pas sous la garde de son père. La jeune fille avait quitté son père et se rendait chez son maître.

« M. Gregory : — Alors vous considérez qu'elle n'était sous la garde ni de l'un ni de l'autre?

« M. Sheil : — Oui.

« Le prévenu fut renvoyé des fins de la plainte.»

XLVI

Le détournement des Irlandaises

« J'ai déjà parlé des moyens de procurer les enfants à Londres. Il y a un autre abus plus grave encore qui consiste à les emmener dans des maisons de passe, en leur présentant celles-ci comme des maisons respectables.

« Il y a peu d'années encore, quand les jeunes Irlandaises arrivaient par la Tamise, elles formaient une abondante source de revenus pour les tenanciers de Ratcliffe-Highway (le quartier des matelots). Leur mode d'opérer était très simple.

« Des hommes, apostés par les tenanciers, entouraient le bateau au moment où il abordait : les uns disaient aux jeunes filles qu'ils pouvaient les conduire à un bon logement à bon marché, d'autres prenaient la malle de l'une d'elles et marchaient devant elle, en l'assurant qu'ils la conduisaient où elle devait aller. La jeune Irlandaise, dépourvue de toute expérience, mettant pour la première fois le pied dans une ville étrangère, suivait son porteur et bientôt était mise en sûreté dans la maison. Une très respectable jeune Irlandaise, en service chez un de mes amis, éprouva la plus grande difficulté pour arracher sa malle à un de ces hommes. Cependant, comme c'était la seconde fois qu'elle venait à Londres, et qu'elle était attendue dans une place, elle y parvint. Une jeune fille, de moins d'expérience, ne sachant où aller, serait certainement devenue sa proie.

« Une fois dans la maison de passe, la malheureuse fille est aussi irrévocablement perdue que le moineau pris au trébuchet. La méthode, employée à son égard, est très simple. On commence par la dépouiller de son argent, non pas par le vol, mais par les frais de son logement et de sa nourriture, en l'empêchant de trouver une place. Son logement seul y est un obstacle suffisant. Une fois sa bourse vidée, on l'entraîne dans la dette. On la fait boire, on la tente. Pourquoi ne ferait-elle pas comme les autres? Si elle s'obstine, on garde sa malle et on la jette sans un sou sur la rue, un soir. Elle n'a pas un ami, et on la menace de la livrer à la police, parce qu'elle n'a pas payé sa note. Que peut-elle devenir? Une jeune fille, à minuit, dans Ratcliffe-Highway, est certainement vouée à sa perte. Désespérée, abandonnée, on la fait boire, on lui jette du tabac dans sa bière, elle devient inconsciente, et quand elle se réveille le lendemain matin, avec la tête lourde, elle est perdue.

« Ce n'est pas là une peinture fantaisiste. Prêtres et *harlots* (filles) sont d'accord pour la retracer. Les ravages commis parmi les malheureuses Irlandaises sont tels que le cardinal Manning me disait qu'une entremetteuse célèbre dans ces parages déclarait que 1,600 jeunes filles, d'âges divers, lui avaient passé par les mains.

« Maintenant, l'arrivée des Irlandaises a presque entièrement cessé. Quelques-unes viennent encore à Londres, mais par Liverpool. On se sert, pour les enlever, de procédés beaucoup moins simples que ceux qui suffisaient à Ratcliffe-Highway. Un des plus diaboliques, mais des plus ingénieux, consiste à employer, comme appât, une femme habillée en sœur de la Mercy. La jeune Irlandaise, catholique, en arrivant à Euston, est accostée par cette religieuse qui lui dit être envoyée par la supérieure pour assurer aux jeunes filles un bon logement, où elle pourra attendre une place. La jeune fille, naturellement, suit la religieuse, qui la met dans un cab et l'emmène, de rue en rue, dans une maison. Une fois la jeune fille dans sa chambre, la religieuse disparaît : l'œuvre est accomplie. La jeune fille ne sait pas où elle est. L'entremetteuse est très aimable pour elle. On la fait boire ; on la mène au théâtre. Une nuit, quand elle est fatiguée, à moitié ivre, la porte s'ouvre..., et, après cela, tout lui est facile, excepté le retour à une vie chaste.

XLVII

L'art de trouver les jeunes filles

« Les Irlandaises ne sont pas la seule proie des entremetteuses : celles-ci ne trouvent pas moins de facilité auprès des Écossaises et des Anglaises. Dans tous les grands centres de circulation, dans les stations, se trouvent des agents d'entremetteuses. Ils remarquent, de leurs yeux exercés, les enfants qui vont et viennent, pour l'école, pour les cours du dimanche; le moment venu, ils agissent.

« La station de Baker street, dit une dame missionnaire, est régulièrement fréquentée par une vieille dame qui emmène des enfants dans une maison de Milton street. Quelquefois on l'a surveillée pendant des semaines, mais elle est maligne, et quand elle se sent surveillée, elle disparaît.

« Aussitôt la surveillance interrompue, on apprend qu'elle a reparu.

« De petites filles très respectables de la bourgeoisie sont quelquefois accostées, pendant qu'elles regardent à la devanture d'une boutique, par des dames aimables et bien vêtues qui leur offrent d'acheter quelque chose, gagnent leur confiance et les emmènent.

« L'une d'elles promit à une jolie petite fille, âgée de quatorze ans, dans Brompton road, de monter sur un petit poney bien doux, si elle voulait venir chez elle. La petite fille accepta aussitôt. C'est un système bien organisé par des femmes dont les gains sont considérables et les risques très petits.

« Sur 3,000 faits relevés dans la prison de Millbank, près de 900 femmes, ou 30 pour cent, ont attribué la cause de leur chute à un abus de confiance commis à leur égard. Une fois une enfant entraînée, la honte l'empêche de revenir; si elle le désirait même, elle est prise dans le flot.

« Quant à la retrouver au milieu des quatre millions d'habitants de Londres, autant chercher une aiguille dans une botte de foin.

« Il y a quelques années, une vieille entremetteuse enleva la fille d'un missionnaire de la Cité. La police fut mise sur pied. Des avis furent imprimés et répandus à profusion. La mère perdit presque la raison, et tout espoir était abandonné quand la jeune fille vint, un jour, à un refuge. Il y avait six mois qu'elle avait disparu. Elle n'avait jamais quitté Londres, n'avait jamais essayé de se cacher, était restée quelque temps dans un workhouse : elle était tout simplement perdue dans le labyrinthe babylonien. »

XLVIII

La perte des jeunes filles de la campagne

« Les jeunes filles de la campagne n'offrent presque aucune résistance. L'époque où les jeunes filles arrivent à la ville, avec leurs malles, est le temps de la chasse pour les procureuses. C'est à un tel point que, quand une protégée de la *Girl's friendly Society* (de la société amicale des jeunes filles) vient à la ville pour chercher une situation, la société considère comme indispensable d'envoyer quelqu'un au-devant d'elle afin de l'empêcher de tomber dans de mauvaises mains.

« Pour les jeunes filles anglaises, la procureuse quitte son costume de sœur de la Mercy et s'habille en diaconesse.

« — Cela fait saigner le cœur, dit un porteur d'une station du Northern-railway, de voir ces jeunes filles entraînées par ces mauvaises femmes.

« Si elles leur échappent à la gare, elles sont souvent reprises dans la rue. Voici un cas venu à la connaissance du chapelain de la prison de Westminster.

« Une jeune paysanne arrive par le grand Northern-railway à King's Cross. Elle laisse sa malle à la consigne et sort, comme l'ont fait des milliers de jeunes filles avant elle, pour jeter un coup d'œil sur Londres et s'inquiéter de son chemin. Au bout de quelque temps, fatiguée et ayant faim, elle demanda à une dame d'aspect respectable où elle pourrait trouver quelque chose à manger. La dame la conduisit à un café, *refreshement room*. Quelque drogue fut probablement mêlée à sa boisson, car elle ne se rappelait rien quand elle revint à elle, quelques heures après, au poste de police. Elle avait été trouvée couchée dans la rue, comme ivre-morte, et ramassée. Sa bourse avait disparu, son billet de bagage avait été pris, la plupart de ses vêtements de dessous enlevés. Elle souffrait beaucoup, et elle avait des écorchures aux cuisses. Dérangés probablement avant d'avoir pu aller jusqu'aux dernières extrémités, les coupables l'avaient en toute hâte recouverte de quelques vêtements et déposée dans la rue où l'avait trouvée un policeman.

« D'après l'enquête faite à la consigne, les bagages avaient été remis en échange du ticket. A qui? il était impossible de le savoir. La jeune fille était très respectable; on lui trouva une place où elle se conduisit bien. M. Merrick, qui l'a vue souvent et interrogée très rigoureusement, est convaincu de l'exactitude de ce récit. D'autres, ayant eu moins de chance, courent maintenant les rues.

« Voici un autre cas qui m'a été fourni par une dame qui s'occupe d'une œuvre de sauvetage à Pimlico.

« Une jeune fille, âgée de seize ou dix-sept ans, vient de la campagne pour visiter son oncle, commerçant aisé. Elle attendait ses bagages à la station quand une dame, l'appelant par son nom, lui demanda où elle allait.

« — Chez mon oncle, répondit-elle, qui demeure à .....

« La dame répondit :

« — Je vais vous y conduire.

« Elle mit la jeune fille dans un cab et la déposa dans une maison de passe, d'où elle ne fut retirée qu'au bout de quelque temps. La dame avait lu son nom sur le bagage.

« Ce n'est pas seulement à Londres que ces faits se passent. M. Charrington est prêt à témoigner de celui-ci :

« Une jeune dame était en pourparlers avec le propriétaire d'un *Music-Hall* (salle de concerts) pour un engagement. Comme sa photographie montrait une très jolie fille de dix-huit printemps, la réponse fut favorable. Elle chanta le premier soir, mais le lendemain, le propriétaire l'endormit à l'aide de quelque drogue, abusa d'elle et lui communiqua une odieuse maladie.

« L'ami qui m'a raconté cette histoire la trouva littéralement pourrie, couchée sur de la paille dans un hangar où le propriétaire l'avait laissée mourir d'inanition. D'abord il crut qu'elle ne pourrait pas en revenir. Elle conserva la vie, mais elle perdit la vue et sa beauté.

« Dans un rapport sur la vie sociale à Edimbourg, M. Fairbairn, missionnaire de la ville, dit en 1883 :

« — Des maisons qui portent le titre d'hôtels de tempérance sont en réalité des maisons de passe.

Ils prennent ce titre parce que, de cette manière, ils peuvent recevoir tout le monde, et que, n'ayant pas de licence (1), ils échappent à la surveillance de la police.

XLIX

La séquestration dans les brothels

« S'il est facile aux jeunes filles d'entrer dans un *brothel*, il n'est pas aussi commode d'en sortir. Non seulement elles y sont tenues par leurs dettes, mais encore souvent elles y sont enfermées sous clé.

« De temps en temps, les protestants entrent en fureur quand ils apprennent qu'une jeune fille a été séquestrée de couvent en couvent : mais ils ne s'occupent pas des rapts commis au profit du vice. Le labyrinthe de Londres, comme celui de Crète, a beaucoup de chambres et de passages souterrains. Je citerai un cas, par exemple, dans lequel une jeune fille, qui est maintenant en respectable situation, fut emprisonnée.

(1) Patente pour vendre des spiritueux.

« Une bonne d'enfants, K... S..., âgée de moins de quinze ans, fut invitée une fois à prendre le thé par une dame dont elle avait fait la connaissance. Elle entra, mais elle ne put pas ressortir. Elle était prisonnière dans la maison, mais bien traitée. Un soir, elle fut endormie et livrée à un noble, lui dit-on. Il la garda pendant plusieurs mois ; puis elle finit par s'échapper. La maison est située près de Marble street, tenue par miss ..., qui prétend tenir un magasin de teinture. Du *Lock Hospital*, la jeune fille fut envoyée à Cheshire ; maintenant, elle est dans une bonne voie.

« Le *Westminster Rescue Home* (la maison de refuge de Westminster) rapporte le fait suivant :

« Fanny F..., âgée de quinze ans, fut emprisonnée dans un *brothel*. Son père ne put pénétrer dans la maison. Il ne savait que faire, mais grâce aux autres filles qui habitaient la maison, et qui avaient entendu la discussion, sa fille put sortir.

« Quand elles échappent, le tenancier reste en possession de leurs effets. Le tribunal de police de la Tamise a eu à juger le fait suivant, concernant une jeune polonaise, nommée Esther Raumer.

« Venue, il y a quelques mois, d'Allemagne en Angleterre pour y trouver un gagne-pain, elle avait dû, au bout de quelques semaines, vivre dans une maison de passe, à Poplar, où la malheureuse dut se livrer à la prostitution. A la fin,

9.

elle refusa de rester plus longtemps dans la maison et la quitta. Quand elle réclama sa malle, contenant ses effets et aussi ceux d'un jeune homme qu'elle avait l'intention d'épouser, on la lui refusa, et on lui déclara qu'elle n'aurait rien du tout.

« La jeune fille avait non seulement payé son logement pendant tout le temps qu'elle avait vécu dans la maison, mais encore une semaine d'avance. Elle demanda l'aide des magistrats pour recouvrer sa propriété.

« M. Lushington envoya un huissier (warrant officer) pour essayer d'obtenir la malle. La propriétaire de la maison la refusa. Il envoya alors une assignation gratuite à la tenancière pour détention illégale d'objets. Ce ne fut qu'alors que la jeune fille, qui était âgée de dix-neuf ans et paraissait dans une grande misère, put recouvrer sa malle.

« Un autre fait, que j'ai connu plus immédiatement, s'est passé l'année dernière à St-John's Wood. Quoique je n'aie pas pu voir la jeune fille elle-même, j'ai reçu de deux sources, dignes de confiance et indépendantes, l'histoire de son aventure.

« Alice B..., née dans le Devonshire, était âgée de vingt ans quand, à la mort de son père, elle vint à Londres pour entrer en service. Elle fut déflorée par un médecin qui demeurait dans la même maison qu'elle. Il la quitta, et elle vécut avec un jeune homme d'apparence respectable. Ils devaient se marier ensemble, quand un dimanche, l'après-midi, en se promenant, il lui proposa de la conduire voir sa tante, à N° ..., Queen's road, St-John's Wood. Dans le quartier, cette maison passe pour être une élégante maison de passe fréquentée, entre autres, au moins par un prince et un ministre. Elle ne savait rien de cela. Elle entra pleine de confiance dans la maison; elle prit du thé. On lui demanda ensuite si elle ne voulait pas se laver les mains, et alors on la fit monter à un étage supérieur, dans une chambre luxueuse où elle fut laissée seule.

« Elle entendit fermer la porte à clé. Pendant trois semaines, on la tint enfermée dans cette chambre, où elle reçut la visite du monsieur qui l'avait déflorée. Elle le pria de la mettre en liberté. Il la conduisait à l'opéra, au théâtre, lui donnait de belles toilettes, parlait de l'épouser à l'étranger, mais ne lui permettait pas de s'échapper. Quand il la quittait, elle était maintenue sous clé. Avec lui, elle était sous sa surveillance; cela dura cinq ou six semaines. Elle était bien nourrie, bien soignée, avait une domestique pour la servir, mais elle gémissait sur sa captivité, songeant toujours à s'échapper, mais ne sachant comment faire. Enfin, un jour elle fut éveillée par un bruit inaccoutumé : on venait ramoner sa cheminée. Il fallait ouvrir sa porte. Elle se leva, s'habilla dans ses vieux vêtements qu'on ne lui avait pas retirés et se sauva. Elle trouva une petite porte au bas de l'escalier. Un moment après, elle était dans la rue. Elle n'avait ni chapeau ni bonnet, pas un penny. Elle ne pensa qu'à se sauver aussi loin que possible de la maison maudite. Pendant trois ou quatre jours, elle erra dans les rues, sans un ami, sans un espoir, ne sachant où aller. Elle était presque morte d'inanition, quand elle tomba dans un meeting de l'Armée du Salut à Whitechapel, où elle se trouva en bonnes mains. Grâce à la *Rescue Society*, elle put se procurer une bonne place où elle est actuellement.

« Combien n'y a-t-il pas de jeunes filles emprisonnées à ce moment, comme l'a été Alice B..., dans les *brothels* de Londres ? »

L

Le Minotaure de Londres

« Comme dans le labyrinthe de Crète, le Minotaure dévorait les vierges qui lui étaient livrées, ainsi se trouve à Londres un monstre qui est l'incarnation de la brutale luxure. Né à Londres, le Minotaure est aussi bien habillé et porte d'aussi beau linge qu'un évêque : il n'a ni cornes ni mufle de taureau pour le distinguer de ses concitoyens : c'est le docteur X —, ayant maintenant cessé d'exercer et consacrant sa fortune et ses loisirs à déflorer des vierges; c'est ce gentleman qui a pour ration trois vierges par quinzaine. Mais tout cela est insignifiant, à côté de M. —, qui ne connaît qu'un usage à sa grande fortune : la satisfaction de ses appétits sexuels.

« Pendant mon enquête, dans ces régions souterraines, j'ai partout rencontré son nom. Les procureuses devaient livrer des jeunes filles pour M — ; cette femme rabattait des jeunes filles pour M — ; cette jeune fille attendait M. —; M. — était un des habitués de cette maison.

« Je trouvai si constamment ses traces, que je commençai à m'enquérir, dans un monde supérieur, de ce redoutable personnage. J'obtins bientôt la preuve que tout ce que j'avais obtenu de première main était au-dessous de la vérité de ce Minotaure, de ce Tibère anglais, dont Londres est la Caprée.

« Je n'ai pas pour mission de livrer des individus à l'exécration publique, et je ne publierai pas ici le nom et l'adresse de ce misérable. Mais il est important de signaler qu'il existe, comme preuve flagrante qu'un homme riche peut perdre non seulement des centaines, mais des milliers de femmes.

« L'appétit de M. — a dévoré plus de 2,000 femmes. Il n'a jamais affaire aux filles des rues, mais aux demoiselles de magasin, aux actrices et à des enfants. Tout est subordonné au but suprême de sa vie.

« Sans doute, il a payé ses victimes : jamais il ne donne moins de 5 livres (125 fr.), mais il s'agit de savoir si 3,000 ou 5,000 livres, consacrées à l'achat du consentement de jeunes filles à leur propre déshonneur, n'est pas une effrayante aggravation du mal qui lui a été permis de faire.

« Les plus aveugles doivent admettre que le gentleman anglais est plus hideux que le Minotaure décrit par Ovide et tué par Thésée. »

LI

La police et la traite à l'étranger

« Le *criminal Law amendement bill*, élaboré par sir W. Harcourt, avait moins pour but d'élever l'âge de la validité de consentement des jeunes filles et d'augmenter la mesure des rigueurs destinées à empêcher la livraison et le trafic des jeunes filles en Angleterre que d'augmenter les pouvoirs arbitraires de la police dans les rues.

« Quiconque sait un peu l'énorme variété de devoirs que la civilisation moderne impose à la police, ne peut éprouver de sympathie pour cet abus de la force si ignorant et si cruel.

« La société moderne a chargé l'agent de police de tous les devoirs des anciens chevaliers errants. Il n'y a pas d'être plus utile au monde que le policeman chevaleresque, animé de l'amour du bien public. Sa vie quotidienne représente un des plus nobles idéals de l'activité humaine.

« Malheureusement, la plupart des policemen, étant de simples mortels, ne doivent pas être plus investis d'un pouvoir arbitraire que les autres êtres humains, surtout quand ce pouvoir doit s'exercer sur l'autre sexe. Cette puissance implique corruption, et le mal est en raison de son étendue.

« Je n'ai pas l'intention de porter des accusations railleuses contre un corps d'hommes qui, constamment, remplissent les plus difficiles devoirs dans le service public. Mais les partisans les plus convaincus de la force ne voudraient pas augmenter les tentations qui déjà corrompent leur moralité et altèrent le caractère de leur fonction. Ici, je n'exprime pas seulement l'opinion de notre comité, mais la conviction mûrie d'hommes qui connaissent bien cette matière.

« Déjà, dans les rues, le pouvoir de la police sur les femmes est considérable, non seulement pour maintenir l'ordre et empêcher l'indécence et les attroupements, mais encore pour lever un tribut sur les malheureuses.

« Le chapelain d'une prison m'a assuré que ces femmes donnent plus d'occasion de corruption à la police que tout le reste des habitants du pays. Elles sont unanimes à déclarer que si elles ne paient pas la police, elle les pourchasse. De la haute à la plus basse, toutes répètent qu'elles doivent payer l'agent de police pour être tranquilles. Pour elles, c'est une nécessité acceptée de leur profession.

« D'après les règlements des Compagnies de chemins de fer, les facteurs ne doivent pas recevoir de pourboire; ils en reçoivent cependant constamment. Il en est de même pour la police de la part des femmes qui fréquentent les rues.

« Les unes paient avec leur bourse, les autres avec leur personne, et beaucoup de malheureuses des deux façons.

« Il y a beaucoup de policemen qui ne prendraient pas un sou d'une *harlot* et ne boiraient pas avec elle. Mais un grand nombre ne font pas tant de façons, considérant que ce sont là les petits bénéfices de leur métier, et agissent en conséquence.

« Le pouvoir de l'agent de police sur ces femmes, dans la rue est, en théorie, très faible, en réalité, presque absolu.

« — Si vous avez une dispute avec un policeman, vous êtes perdue! Cette locution n'est pas loin de la vérité.

« L'esprit de corps est très fort dans la police, et prostituées et policemen sont d'accord pour reconnaître que si une fille dénonçait un agent pour avoir reçu de l'argent, elle devrait quitter Londres. Signalée de division en division, elle serait poursuivie jusqu'à ce qu'elle fût sortie du rayon de l'action de la police métropolitaine.

« Si les agents de police peuvent ainsi se venger d'une dénonciation, ce n'est pas à dire qu'ils puissent exercer ce pouvoir sur une fille qui ne serait en aucun cas dans son tort.

« Seulement, ils peuvent intervenir pour écarter un client, et dans leur ardeur pour leur devoir public, ils peuvent découvrir une preuve au moins suffisante pour justifier une menace d'arrestation.

« L'existence de la fille est dans la main du policeman, et il en fait ce qu'il veut.

« Augmenter d'un iota le pouvoir d'un homme en uniforme sur des femmes, sans ami, sans appui, même de la part de leur propre sexe, est un crime contre la liberté et la justice, et ni la répulsion pour les marchés du vice, ni la sainte horreur de la vue des filles dans les rues, ne peuvent permettre de l'excuser.

« Si nous disons que le policeman est toujours prêt à enfouir ses pouvoirs dans son porte-monnaie, nous disons seulement qu'il est un homme et qu'il est pauvre.

« Mais c'est odieux de convertir les gardiens, qui portent le bâton de la paix publique, en une bande d'Alphonses (*ponces*) en uniforme, levant un honteux tribut sur les filles tombées de la moderne Babylone.

LII

Une alliance contre nature

« Si le pouvoir arbitraire que la police possède sur les filles l'expose à une corruption permanente, elle court encore bien plus de dangers de la part des *brothels*.

« Tout le monde sait que miss Jeffries essaya de corrompre Minahan, et les moqueries que ses chefs lui adressèrent parce qu'il n'avait pas pris l'argent comme ses collègues.

« Théoriquement, le policeman n'a pas de pouvoir sur les maisons de passe; mais, s'il le veut, il peut les empêcher de faire de bonnes affaires.

« L'autre jour, la police, par son simple refus d'accepter une interprétation de son devoir, d'après laquelle elle avait opéré la veille, empêchait de passer dans Northumberland street, et retardait l'apparition de *la Pall Mall Gazette* de trois heures.

« Il a fallu une question posée à la Chambre des communes, une plainte formelle adressée au ministre de l'intérieur, pour faire abandonner par la police des agissements qui avaient, pendant la plus grande partie du jour, empêché l'accès de nos bureaux, suspendu nos services et arrêté nos porteurs.

« Si la police peut agir ainsi avec un journal influent, ayant des amis dans les deux chambres du Parlement, une large clientèle dans le pays, que ne peut-elle pas faire avec un tenancier de *brothel*, qui est constamment sur les limites de la légalité, même s'il n'a pas, comme beaucoup l'ont fait, converti sa maison en *shebeen?* (1).

« Le résultat est inévitable. Chaque maison de passe devient une source de profits pour les policemen.

« — Les agents de police sont les meilleurs amis des *brothels*, me disait sentencieusement un vieux tenancier. Pourquoi? Parce qu'ils tiennent les choses secrètes; et les tenanciers sont les meilleurs amis des agents de police parce qu'ils les paient.

« — Combien vous coûtent-ils, demandai-je?

« — Année moyenne, 3 livres (75 francs) par semaine, et ma maison n'était qu'une petite maison.

« On m'a dit qu'une maison célèbre dans le East-End ne payait pas moins de 500 livres par an (12,500 francs) à la police, pour le service des policemen et des détectives. Naturellement, je n'ai pu vérifier. C'est un bruit qui circule dans l'Est, et si le ministre de l'intérieur, Richard Cross, désire connaître le nom et l'adresse de la maison, pour une enquête, ils sont à sa disposition.

« Quel est le résultat naturel? Il y a alliance entre le tenancier de la maison et l'agent de police.

(1) *Shebeen* est un mot irlandais qui signifie un endroit où on vend, sans licence, clandestinement, du wiskey, appelé en irlandais *poteen* ou *potheen*.

« Une dame, très versée dans les travaux de sauvetage, dans une position à parler avec autorité, me disait que si elle désirait jamais sauver une jeune fille d'une maison de passe, dans le West-End, elle commencerait par prendre les plus minutieuses précautions pour que la police n'en eût pas soupçon.

« — Si elle l'apprenait, je suis sûre que la tenancière, prévenue, aurait envoyé la pauvre fille dans une autre maison.

« C'est mieux dans l'Est ; mais dans l'Ouest, si vous avez besoin de surveiller les hommes dont j'ai dénoncé les crimes, n'en parlez pas à la police.

LIII

La brebis galeuse

« Naturellement, il y a police et police. Certains agents de police sont les meilleurs des hommes, d'autres sont détestables. Jusqu'au moment de l'intervention du colonel Henderson, qui fit comprendre à ses inspecteurs qu'ils ne devaient pas permettre à la canaille de maltraiter l'Armée du salut, la différence existant entre une démonstration complètement pacifique et une émeute dépendait presque exclusivement de la bonne ou mauvaise volonté de l'agent de police de faction.

« Une énorme responsabilité pèse donc sur ceux qui sont chargés de diriger le caractère de la force.

« Quelques-uns des inspecteurs généraux sont des hommes excellents, ainsi que beaucoup d'inspecteurs. D'autres méritent une appréciation toute différente.

« M Charrington m'a affirmé que, quand il s'était efforcé de sauver des jeunes filles perdues, la police avait fait son possible pour le contrecarrer.

« Il déclare que, dans une circonstance, deux policemen l'avaient pris et l'avaient livré aux « *bullies* » (aux souteneurs) du *brothel* pour l'assassiner, en leur disant qu'ils allaient tourner le coin de la rue et qu'ils ne verraient rien.

« — Il y a seulement peu de semaines, d'honnêtes policemen me protégèrent en arrêtant un homme qui m'attaquait. Ils furent immédiatement éloignés, avec ordre de ne pas revenir auprès de la place où le fait s'était passé, tandis que le misérable qui avait essayé de m'assassiner restait.

« Un ancier officier, d'une longue expérience, m'assurait que les soldats et les policemen perdaient plus de filles à Londres qu'aucune autre classe de la société.

« J'ai reçu d'Édimbourg un rapport d'un missionnaire de la cité, me signalant dans cette ville un cas où un monsieur sauva une jeune fille d'un policeman qui la menaçait de l'arrêter, si elle ne voulait pas s'abandonner à lui.

« — Mais, ajoute-t-il, pour une que nous trouvons, combien d'ignorées !

« Beaucoup d'agents de police sont célibataires, vivant à la caserne comme les soldats, et n'étant pas plus aptes que les *guards* à être investis d'un absolu contrôle sur les rues qui, en définitive, sont les salons du pauvre.

« Quelquefois, il y a une brebis galeuse dans le troupeau et sa présence suffit pour corrompre toutes les autres.

LIV

Un fait épouvantable (1)

« Nous avons le récit d'un fait épouvantable,

(1) *La Pall Mall Gazette* a réuni dans son supplément spécial les quatre chapitres de sa campagne. On y trouve quelques variantes et quelques changements; ce paragraphe, entre autres, a été complètement supprimé.

concernant un officier de police qui occupait récemment une haute fonction dans la police de Londres. L'histoire est si horrible que nous avons pendant quelque temps hésité à la publier.

« Nous promettons de communiquer le nom de l'individu au ministre de l'intérieur, afin qu'il puisse faire une enquête complète sur cette accusation. Nous publions le fait, si incroyable qu'il paraisse, d'après une déclaration écrite que nous avons entre les mains et qui a été remise hier au maire de Winchester.

« A. B., officier de police, homme d'une grande vigueur, âgé de cinquante ans, a fait violence à sa fille, âgée de seize ans. Les rapports durèrent quelque temps : elle quitta la maison. Tombée dans la misère, elle demanda un secours à son père, disant qu'en cas de refus, elle serait obligée de s'adresser à la justice.

« Il lui répondit en lui envoyant sa sœur mariée, la menaçant de la prison si elle mettait sa menace à exécution.

« Je continue l'histoire, en reproduisant le récit même de cette jeune fille, qui est maintenant âgée de trente ans et qui doit se marier à M. Gibbons.

« En recevant l'avis que j'en appellerais à la justice, lui, qui avait de l'influence à Scotland-Yard (le siège de la police), il [illegible]ya deux détectives, en habit bourgeois, [illegible] demeure, 1, Caledonian street, King's-Cross. J'étais seule. L'un d'eux s'assit devant la porte, et ils commencèrent à me menacer. Ils me demandèrent d'écrire et de signer une lettre, adressée à mon père, disant que mon accusation était fausse. Je refusai, disant que ce serait un mensonge.

« Je demandai si je pourrais faire venir M. Gibbons, jeune homme que je devais épouser, afin qu'il fût témoin de cet entretien. Ils me menacèrent alors de dix ans d'emprisonnement et Gibbons de cinq ans, si je n'écrivais pas la lettre.

« Ils n'avaient pas de mandat, mais ils voulaient m'intimider. Ils m'apportèrent du papier à lettre. La misère et la peur me mettaient dans un état de prostration.

« Un des agents de police me plaça devant la table et rédigea la lettre qu'il voulait que j'écrivisse. Sous la menace qu'ils allaient m'emmener en prison, j'obéis et écrivis la lettre.

« Je leur dis, une fois écrite, que c'était une pièce fausse; ils me laissèrent dans mon abattement et partirent.

« J'écrivis encore à mon père que, quoiqu'il m'eût envoyé des détectives pour me forcer d'écrire cette lettre, j'irais plutôt en prison que de ne pas faire connaître la vérité.

« Le même jour, mon père réclamait sa retraite,

qui était d'un chiffre élevé, et quelque temps après il se retirait.

« Nous nous adressâmes au magistrat de Clerkenwell. Il nous dit qu'il devait consulter un autre magistrat, et, quelque temps après, il nous répondit qu'eu égard à la personne assurée, il refusait de s'occuper de cette affaire.

« Grâce aux menées de la police, M. Gibbons perdit sa position comme charpentier.

« M. Gibbons a fait sa déposition devant un magistrat. Elle est, ainsi que d'autres documents, entre les mains du professeur Stuart, membre du Parlement. M. Benjamin Scott, président du Comité de Londres, pour arrêter la traite des jeunes filles anglaises, a envoyé des personnes pour vérifier mon histoire, et ils l'ont trouvée exacte.

« Maintenant, si l'histoire est vraie, quelle sécurité peut-il y avoir pour la liberté individuelle et la protection de l'honneur des femmes, si des gens de police peuvent être capables d'un pareil crime.

« Parce qu'un homme est coiffé d'un casque, il n'en résulte pas qu'on doive lui conférer un pouvoir absolu sur des femmes qui sont même plus faibles et moins protégées que les autres personnes de leur sexe.

« C'est pourquoi je considère qu'il est indispensable d'enlever de l'*Amendment Criminal Law* les clauses augmentant les pouvoirs de la police dans les rues.

LV

Alors que faire à l'égard des rues?

« Il n'y a pas d'exagération plus absurde que les conversations habituelles relatives à l'état des rues. Sans doute, Regent street et deux ou trois endroits du voisinage présentent, à minuit, un triste spectacle.

« On pourrait peut-être faire une législation spéciale pour les quartiers où le vice s'est congestionné, en les traitant comme des lieux de désordre, qui doivent être soumis à des pouvoirs exceptionnels, mis en œuvre seulement par deux ou plusieurs habitants du voisinage. Mais nous sommes contre les pouvoirs exceptionnels même confiés à des particuliers.

« Si quelqu'un veut réellement supprimer ce scandale, qu'il imite ce qui s'est fait à Saint-Jude, King-Cross, et organise un comité de vigilance. Un ou deux membres de ce comité paraissent pour donner témoignage du désagrément général, tandis que la police prouve les cas de sollicitation particulière. Ils ont ainsi nettoyé les rues de Saint-Jude et pourraient nettoyer Regent street. Mais les rues appartiennent aux prostituées, autant qu'au vestryman (à l'homme de la paroisse), et leur droit d'aller ici et là doit être au moins défendu.

« Quant au développement du danger des sollicitations effrontées, je puis témoigner que l'opinion publique exagère considérablement. J'ai rôdé le soir pendant des semaines. Je suis allé, sous différents costumes, aux lieux réputés de rendez-vous. J'ai flâné le long de Ratcliff-Highway, et autour du Quadrant, à minuit. J'ai fréquenté Saint-James-Park, et deux fois j'ai joui de l'étrange douceur de la nuit d'été sur les bords de la Serpentine, à Hyde-Park. Je suis allé à toute heure à Leicester square et dans le Strand, et j'ai erré à minuit dans Mile-end-Road et le voisinage de la Tour. Quelquefois j'étais seul, d'autres fois accompagné par un ami ; et j'ai rapporté de ces expériences un profond et fort sentiment de respect et d'admiration pour l'extraordinaire bonne conduite des filles anglaises qui mènent cet effrayant métier.

« Au milieu de toutes mes courses, je n'ai pas été accosté plus d'une demi-douzaine de fois, et alors j'étais plus à blâmer que la femme. Un soir, j'étais sorti de Hyde-Park à minuit, suivant une prostituée ivre; elle ne commença pas la conversation. J'ai été accosté beaucoup plus effrontément sur les boulevards de Paris que je ne l'ai jamais été dans les parcs ou les rues de Londres, et je suis sorti de cet infernal labyrinthe avec la profonde conviction que, s'il y a une vérité dans la Bible plus vraie qu'une autre, c'est que les publicains et les *harlots* sont plus près du royaume du ciel que les scribes et les pharisiens qui essayent de prendre un passeport pour le ciel, en conduisant leurs malheureuses sœurs au très réel enfer du despotisme de la police.

« Seulement, sous un rapport, je voudrais voir les pouvoirs de la police fortifiés par l'assimilation exacte du raccrochage de l'homme à celui de la femme. Pourquoi l'homme, semblable à la prostituée, qui, par une habitude constante, provoque les femmes par ses sollicitations, ne serait-il pas susceptible de la même pénalité que les femmes qui provoquent les hommes?

« Si petit qu'il fût, ce serait un gain réel d'enlever un morceau de cette scandaleuse immoralité : la loi dure pour les faibles, lâche pour les forts! »

LVI

La police connait-elle ces crimes?

« Il y a un argument qui est aussi constamment employé que dénué de valeur. On dit :

« — Ces faits ne peuvent pas se produire, parce que la police ne le permettrait pas.

« La police les connaît depuis longtemps, mais les tolère. Voici un fait que nous pouvons garantir, parce qu'il est à notre connaissance.

« On a douté de l'existence de l'association de Mmes X... et Z... et de leur livraison de vierges.

« Alors, que diront-ils quand je leur dirai que, loin que l'association se soit retirée des affaires, après l'exposé que tout le monde connaît, une semaine après notre dénonciation, tandis que toutes les rues de Londres retentissaient des cris des camelots vendant les révélations de *la Pall Mall Gazette*, ces excellentes femmes d'affaires continuaient jour par jour leur livraison de vierges et prenaient l'engagement d'en exporter une pour une maison étrangère.

« La police sait-elle quelque chose de ces tran sactions?

« Si elle ne les connaît pas, quand nous lui avons dit tout ce qui les concernait, quelle valeur a donc l'argument que les faits ne sont pas exacts, parce qu'autrement la police les aurait découverts il y a longtemps?

LVII

La police et notre commission d'enquête (1)

« Je me suis souvent demandé si, pendant les six semaines qu'a duré notre enquête, un des membres de notre commission ne serait point inquiété par la police pour son entreprise, en apparence criminelle.

« Nous n'avons pas été une seule fois gênés par la police.

« Des engagements ont été exécutés; des vierges ont été soumises à l'examen et expédiées à leur destination; des arrangements ont été pris pour la perpétration simulée de crimes semblables à ceux qui ont soulevé et l'horreur et l'indignation

(1) Ce passage ne se trouve pas non plus dans le numéro spécial.

du public : nulle part, nous n'avons vu apparaître la police.

« Il y a cependant un cas, où l'un de nous se trouva dans une position désagréable à l'égard des agents de la sûreté (*officers of criminal investigation*); mais il prouve combien l'instrument destiné à la protection du faible peut se transformer en arme à l'usage du malfaiteur.

« Un de nos agents les plus dignes de confiance nous avait signalé une petite Allemande, âgée de seize ans, d'une santé délicate, qui, amenée de Cologne par les manœuvres d'une agence, avait été ensuite jetée sur la rue. On disait qu'elle était sous la dépendance d'un souteneur (*bully*) qui vivait de ses gains. On nous dit qu'elle souffrait beaucoup de la nécessité qui la forçait de mener une pareille existence, et nous résolûmes de la sauver, si c'était possible.

« Par l'intermédiaire d'une proxénète française, de Leicester square, je fis convenir d'une entrevue entre la jeune fille et moi; naturellement, l'entremetteuse ignorant dans quel dessein : autrement, j'aurais été certain de ne jamais voir la jeune fille.

« A l'heure dite, la jeune fille fut amenée; mais comme il était impossible d'arranger un sauvetage sous les yeux de la procureuse, je pris un prétexte pour l'emmener dans un restaurant.

« La malheureuse jeune fille, qui ne parlait qu'allemand, me fit un triste récit. Deux mois auparavant, elle s'était trouvée seule au monde, sans un sou, mourant de faim, et ne sachant comment vivre. Elle dit qu'elle était restée trois jours sans manger et sans logement avant de se décider à se livrer. Son histoire confirma notre désir de la sauver.

« Du restaurant, nous allâmes au bout du Strand, où nous attendîmes une dame suisse, qui avait bien voulu se charger de la jeune fille. Quand la dame arriva, la jeune Allemande refusa de l'accompagner immédiatement. Elle irait le lendemain et porterait sa malle le samedi, parce qu'elle avait son loyer à payer. Nous lui remîmes un souverain (25 fr.) et la laissâmes aller.

« En rentrant, la jeune fille dut parler de la proposition qui lui avait été faite et qui, naturellement, ne convint pas au *bully*. Celui-ci résolut de se mettre en travers de nos projets; et comment?

« Il alla tout droit à la police et l'informa que nous voulions attenter à la vertu, à la liberté et même à la vie « d'une petite Anglaise innocente, » qui était une petite prostituée allemande, racolant dans le Strand.

« Le lendemain soir, quand deux membres de notre comité retournèrent au même endroit, ils se trouvèrent en présence d'un détective, et alors voici ce qui se passa :

« Le détective prit un siège dans la pièce.

« — Qui êtes-vous?

« En réponse, il produisit une carte semblable à celle d'un billet de circulation des chemins de fer, sur laquelle était inscrit son nom.

« — Je suis détective-brigadier (*dectective-sergeant*) de la division. J'ai été envoyé ici pour éclaircir un cas.

« Il attira un cahier de six ou sept feuilles de papier écolier mince, couvertes d'écriture.

« Nous lui demandâmes ce qu'il nous voulait.

« Il lut, à mon ami, qui était assis sur le sofa, l'accusation suivante. Un vieux gentleman était venu ici et avait convenu de l'achat d'une jeune fille anglaise et sage.

« — Une Anglaise! et sage! s'écria mon ami, c'est une petite prostituée allemande, qui raccroche dans le Strand.

« — Bien, dit-il. Cette petite prostituée allemande et le vieux gentleman se sont rencontrés. Elle a paru lui convenir après une conversation avec elle, et il l'a emmenée dîner chez Gatti. Ensuite il l'a emmenée dans une maison d'une rue du Strand. Là elle trouva un autre monsieur.

« Les deux essayèrent de lui persuader de prendre une place, lui offrirent du café drogué et des pâtisseries, qu'elle refusa. Ils l'engagèrent vivement à quitter Londres.

« Une dame vint alors, sous le déguisement de sœur de la Mercy. Elle parla à la jeune fille, lui donna une Bible, que celle-ci mit en pièces. Elle essaya par tous les moyens de l'amener à consentir à ce que lui demandèrent ces deux gentlemen. Ce fut en vain.

« La fille s'aperçut du diabolique dessein de cette religieuse déguisée, et put enfin s'en aller. »

« Voilà le résumé de ce que nous dit le brigadier, qui commença alors à interroger mon ami.

« — Naturellement, vous n'avez pas besoin de vous charger vous-même en répondant à mes questions ; mais je vous serais obligé de me dire tout ce que vous savez et ce que vous désiriez faire de cette fille, et pourquoi vous vouliez l'emmener?

« Je pensai qu'il valait mieux ne rien dire au détective. Alors j'intervins.

« — Voulez-vous nous permettre de nous consulter pendant cinq minutes? demandai-je.

« — Certainement ; je vais me retirer.

« Nous décidâmes que je donnerais mon nom avec une adresse où on pourrait me trouver.

« Comme il n'était pas question de moi dans le rapport qu'il avait lu, le brigadier parut surpris.

« — C'est mon nom et mon adresse, lui répétai-je. Nous refusons de vous dire autre chose : mon ami ne vous donnera pas son nom et son adresse. Mettez-nous maintenant en accusation, si vous voulez; nous ne demandons pas mieux.

« — C'est tout? Alors vous ne voulez rien me dire de plus ?

« — Non.

« Ayant pris mon nom et mon adresse, le brigadier s'en alla, avec la conviction évidemment que nous étions une paire de gredins.

« Il n'est point à blâmer. Je lui donnai le temps de sortir, puis je le suivis pour voir s'il n'attendait point qu'on lui offrît quelque chose.

« Je le trouvai dans la cour, causant avec une domestique.

« — Allez-vous faire votre rapport à M. Dulop? lui demandai-je.

« — Que vous importe où je vais? Je regrette de ne pas pouvoir vous mettre cette nuit sous sa main.

« — J'ai déjà eu le plaisir de faire la connaissance du superintendant.

« — Je le pense bien, me répondit-il ironiquement.

« — Voulez-vous faire quelques pas avec moi?

« — Si vous voulez. Allez-vous me dire que votre ami voulait la petite fille?

« — Certainement non. C'est à vous de le découvrir. Mais supposons que je vienne vous offrir un billet de dix livres?

« — Ce ne serait pas à faire, me dit-il.

« Et il s'en alla.

« Nous n'avons plus entendu dire un mot de cette affaire. Il ne nous reste que le plaisir de déclarer que la conduite du détective fut parfaitement correcte. »

LVIII

Théâtres et grands magasins

« Ce serait une erreur de rendre responsables de la corruption des femmes de Londres les gens riches et certains « *upper ten* » (ayant plus de 10,000 livres de revenu). Sans doute, leur part est grande, et plus grande encore leur responsabilité, pour l'abus qu'ils commettent de leurs privilèges. Si cependant je devais décrire les formes du vice les plus désastreuses à Londres, je n'irais point dans les maisons du West-End, comme celle de Mme Jeffries, mais plutôt dans certains de ces grands magasins de toilettes et de modes, où chaque année des centaines, environ, de jeunes filles sont perdues.

« Je ne veux pas donner de noms, je ne veux qu'indiquer une des mortelles plaies de notre système social. C'est une pitié que de penser au nombre des jeunes filles qui, élevées tendrement, instruites avec soin, dans les villages de la campagne, et envoyées à la ville pour réaliser les grandes espérances de leurs parents, tombent sinon à la porte, du moins dans l'antichambre de l'enfer.

« Il est notoire que, dans un certain théâtre, jamais une jeune fille n'a gardé sa vertu plus de trois mois; que dans une célèbre maison de commerce du West-London, une jeune fille est perdue au bout de six mois. Que ce soit exagéré, soit : mais certains directeurs de théâtre sont accusés à tort ou à raison de ne permettre aux actrices de paraître sur leurs scènes qu'à la condition de se montrer complaisantes; et, malheureusement, j'ai lieu de croire à la vérité d'un certain bruit persistant, d'après lequel le chef d'un des grands magasins de Londres regarde les femmes employées chez lui, comme le sultan regarde les esclaves de son sérail.

« Il prend la plus jolie, mais son exemple est naturellement suivi dans tout l'établissement, de haut en bas.

« Je n'ai pas consacré beaucoup de temps à relever des cas individuels, mais ce que j'ai appris me fait croire que, tandis que des établissements employant des centaines de jeunes filles sont très bien conduits, d'autres ne sont que les antichambres du *brothel*...

LIX

Les Bureaux de placement

« Qu'un homme tue un mouton pour sa toison, c'est mal ; mais ce serait pire si c'était seulement pour ses oreilles.

« Il en est de même, quand les filles ne sont pas perdues parce qu'un homme a voulu les posséder, mais seulement parce qu'un intermédiaire a voulu gagner une misérable commission, en les jetant dans une vie désormais consacrée au vice.

Dans notre enquête, sans doute nous avons vu de respectables agences de placement, mais elles peuvent être induites en erreur par des hommes sans scrupule ou leurs propres agents, et nous éprouvons un soupçon, équivalant presque à une certitude, que, dans certains cas, l'agence ne diffère pas beaucoup d'une organisation de proxénétisme.

« Si vous découvrez qu'un tenancier notoire de

maison de passe, tracassé par la police dans son industrie, ouvre un bureau de placement pour les domestiques, le soupçon est naturel, et, malheureusement, c'est souvent le cas que des affaires qui ne devraient êtres traitées que par des personnes au-dessus de tout reproche, sont livrées à des gens plus ou moins immoraux, pour ne pas dire criminels.

« Quelques-unes de ces agences, à la fois, ont la meilleure réputation et font les choses les plus odieuses. Des filles sont amenées de loin, souvent de l'étranger, par la promesse d'une situation qui n'existe pas.

« Elles paient leur commission et vivent dans une anxiété grandissant de moment en moment, jusqu'à ce que leurs petites ressources soient épuisées. La dette s'abat sur elles : leur malle en répond; et quand elles ont perdu tout espoir, l'agence leur dit qu'elles ne peuvent se sauver qu'à la condition de se perdre; on la mènera chez un gentleman ou dans une maison toujours à la recherche de jeunes filles respectables.

« Il n'y a pas huit jours qu'une agence de placement pour des gouvernantes, bien connue à Londres, me proposait plusieurs jeunes filles parlant français et allemand, pour m'accompagner sur le continent, comme compagnon de voyage, intime — trop intime !

« Il n'y avait pas la moindre erreur sur la destination de la jeune fille. Elle devait être jeune, n'avoir pas plus de vingt-deux ans, être jolie et consentir à voyager seule avec un gentleman.

« Selon des gens bien informés, elles sont innombrables les jeunes filles que cette maison a attirées de Belgique, de France, d'Allemagne, de Suisse, où elles auraient vécu tranquillement, pour les lancer sur le pavé de Londres.

« D'autres agences font, à l'occasion, la même chose. Elles gagnent de l'argent, et cela leur suffit.

LX

L'importation des jeunes filles étrangères à Londres

« Londres, disent tous ceux qui s'occupent de la traite des blanches, est le plus grand marché de chair humaine qu'il y ait au monde.

« Comme sur tous les marchés, il y a importation et exportation. De celle-ci nous avons entendu beaucoup parler ; la première reste à traiter.

« Entre les deux, il y a une distinction : en Angleterre, la vie est libre ; sur le continent, l'esclavage est légalisé.

« D'où une effroyable différence.

« Mais sous la pression de la misère et du désespoir, dans lequel la jettent sa jeunesse, son inexpérience, son isolement, son ignorance complète du langage, la malheureuse jeune fille est vouée à une perte aussi fatale que si elle était livrée à la tyrannie du tenancier, fonctionnaire de l'État, et à la barbarie irresponsable du médecin officiel.

« Régulièrement des filles sont amenées de France, de Belgique, d'Allemagne, de Suisse, dans un seul but : leur perte.

« Beaucoup de ces jeunes filles sont respectables. Mais le but des hommes qui les amènent est de les contraindre à mener une vie de prostitution dont ils tireront un large profit.

« Il y a dans le quartier français, toute une colonie de maquereaux (en français dans le texte), qui ont pour métier de se faire une vie facile en s'assurant la possession des jeunes filles, corps et âme, qu'ils mènent dans la rue et aux dépens de qui ils vivent et font fortune.

« Quelques remarquables exemples d'importation ont été exposés par miss Sterling, la dévouée et zélée fondatrice du *Children's aid and Refuge* (Refuge et secours des enfants) d'Édimbourg et Leith.

« D'après le pasteur de Hambourg, un jeune

ouvrier Allemand, George N. —, se procura deux jeunes filles Annie et Elise, à l'aide de l'annonce suivante publiée dans *la Réforme* de Hambourg :

« Une bonne famille d'Édimbourg, en Écosse, désire adopter une jeune fille, âgée de neuf à douze ans ; une orpheline ou une enfant de parents pauvres, de préférence. Adresser les lettres au nº 424, Stockbridge Post office, Édimbourg. »

« Quand miss Sterling eut réussi à arracher ces pauvres enfants aux griffes de N. — il devint très violent. Miss Sterling obtint la protection de la police pour cinq mois.

« Elle fut menacée de mort, car elle avait commis le crime d'enlever deux enfants à un marchand d'esclaves.

« Il paraît que c'est un commerce organisé.

« Le bourgmestre de Hambourg parut très surpris que la loi anglaise n'eût pas prévu de tels actes, et le 8 mars 1884, le comte Munster parla en termes d'horreur de l'effrayant commerce que Georges N. — et autres, ont pratiqué pendant quelque temps.

« Les stewardesses (les maîtresses d'hôtel) des bateaux Currie paraissent rendre le service de découvrir ces faits. On ne doit pas l'oublier.

« A diverses reprises, dans le cours de cette enquête, nous avons eu connaissance de cas, paraissant authentiques, dans lesquels des jeunes filles, après avoir lutté pendant des mois contre la nécessité de tomber au trottoir, avaient succombé seulement huit jours, quelquefois un jour avant que nous n'eussions appris leur situation.

« Jamais les personnes qui ont fait cette enquête n'oublieront le triste exemple suivant :

« Une jeune Allemande, attirée par la promesse d'une position, se trouvait dans cette alternative : la prostitution ou la faim.

« Ce fut alors qu'elle fut amenée chez une personne digne de toute confiance pour être placée par nous en lieu sûr.

« Il y eut un léger malentendu relativement à l'heure où nous devions arriver. La jeune fille, timide, méfiante, eut peur en voyant venir quelques marchands d'esclaves de la colonie bien connus. Elle quitta la maison et fut immédiatement emmenée par le maquereau (en français dans le texte), furieux à la pensée que sa proie aurait pu lui échapper.

« La malheureuse lança un regard désespéré à son amie au moment où elle était entraînée.

« — C'est le bon moment pour travailler, dit son maître.

« Ce soir-là elle dut recevoir deux visiteurs ; puis elle disparut, comme tant d'autres, dans le grand tourbillon.

« Depuis, en dépit de tous nos efforts, nous n'avons pas pu retrouver sa trace.

« Pendant toute la période de notre enquête, nous nous trouvions dans la position de spectateurs d'un naufrage. Ils s'efforcent de sauver çà et là quelques nageurs. Ils jettent une corde dans l'abîme ; elle est trop courte d'un yard : la dernière chance est perdue. L'eau se referme sur l'agonie du malheureux. Tout espoir est englouti.

« Quelquefois nous avons été plus heureux, — après la chute toutefois et non avant.

« Nous donnons l'histoire d'une des victimes de ces fraudes effroyables, telle que nous la tenons de sa bouche.

LXI

Comment Marguerite fut perdue

« Marguerite de S... est une jeune Française âgée de vingt et un ans. Elle était autrefois première dans un magasin de confection de Paris. Elle a perdu sa mère ; son père est contremaître dans un grand atelier. Elle est distinguée, de bonnes manières, d'une intelligence vive.

« Un avis publié dans le *Journal des renseigne-*

ments de Mme P*i*lus, 56, rue Richelieu, Paris, l'engagea à se rendre à Londres. Cet avis offrait une place de gouvernante à une jeune fille respectable : sa réponse devait être adressée à M. B..., 33, T...-street, Lambeth, Londres.

« M. B... se donnait lui-même comme directeur d'une maison de placement dont Mme P*a*lus (1) garantissait la respectabilité.

« — Vous pouvez vous mettre sûrement en ses mains, disait-elle.

« Ce M. B... est sombre, même parmi les plus sombres types de la colonie française.

« Il demeure dans une chambre qu'il paye 3 sh. 6 den. (4 fr. 50) par semaine, et son mobilier vaut bien 15 sh. (18 fr. 75).

« Marguerite écrivit à M. B..., qui lui répondit en français, comme de la part de M. Southern, d'Oaley street, à Londres, qui lui promettait de « la traiter comme un membre de la famille », si elle voulait bien venir.

« L'homme qui écrivit cette lettre, je l'ai vu, et il avoue que c'est lui qui a inventé toute l'histoire.

« Il n'y avait pas de M. Southern, et quand la jeune fille arriva à Londres, le jour convenu, ce fut en vain qu'elle le chercha partout.

(1) Le nom est écrit de ces deux manières. Le numéro réel est 95.

« Elle se rendit alors chez M. B..., pour lui demander des explications.

« L'homme qui lui servait de secrétaire était en état d'ivresse, et en la reconduisant au *London bridge Hotel*, où elle avait eu soin de prendre une chambre, il lui fit des propositions qui la surprirent autant qu'elles l'indignèrent.

« Le lendemain matin, M B..., que Marguerite représente « comme affreux, » vint la voir.

« Il lui dit qu'elle arrivait trop tard, que la place était prise. Or, elle était arrivée le jour convenu.

« M. B... lui promit de lui trouver une autre place en trois jours, si elle voulait lui donner 10 sh. (12 fr. 50). Elle lui donna 7 sh. (8 fr. 75), la seule monnaie anglaise qu'elle eût.

« Le soir, il revint en lui disant qu'il espérait lui trouver une place, mais il craignait qu'elle ne fût trop jolie, parce que la dame était très jalouse.

« Sous prétexte qu'il avait dépensé de l'argent pour elle, il lui réclama deux autres shillings (2 fr. 50).

« Les jours suivants, il rapporta des histoires semblables, et, à la fin de la semaine, elle trouva sa bourse presque vide.

« — Je me sentis, dit-elle, si désespérée que, ne connaissant personne à Londres, je me confiai à M. B..., quoique ses paroles et ses assurances ne m'inspirassent pas plus de confiance que sa physionomie. Il me donna le conseil de quitter l'hôtel et m'offrit de me trouver un appartement bon marché.

« J'acceptai son offre, et il me loua une chambre pour 6 sh., à Manners street, 19, Sutton street.

« Plusieurs annonces parurent en mon nom. Il y eut quelques réponses qui, selon B..., étaient des plaisanteries ou des propositions immorales.

« Je lui fis observer que bientôt je n'aurais plus d'argent.

« — Vous avez une jolie chaîne et une jolie montre en or, me répondit-il. Si vous voulez un bon prêt sur eux, vous n'avez qu'à me les confier.

« Un ou deux jours auparavant, il avait encore essayé de m'arracher de l'argent. Sur mon refus, il me prévint qu'il allait faire un tour à Paris, parce qu'il avait besoin de prévenir Mme Pilus de ne pas lui envoyer de jeunes filles, quand il n'avait pas de places pour elles.

« Avant de prendre congé, il me dit qu'il voulait, comme « dernier devoir, » me présenter à Mlles Oppeinheim, de Berners street, parce qu'il était convaincu qu'elles pourraient me procurer, avant peu de temps, une position convenable.

« Il me conduisit à leur bureau, elles m'offrirent une place, mais une place de bonne d'enfants.

« Je refusai et n'entendis plus jamais parler d'elles.

« B... alla à Paris. Depuis un mois, j'étais à Londres quand je fus visitée par un individu que je n'avais jamais vu. J'appris plus tard que L... était en rapport avec B...

« La veille, j'avais mis en gage ma montre et ma chaîne; mais ayant dû payer mon logement et m'acheter quelques petites choses, je me trouvais sans argent, ne sachant que faire, car je ne voulais pas informer mon père de ma situation.

« Je fus donc fort heureuse de trouver une personne qui paraissait animée des meilleures intentions à mon égard.

« L... me dit que B... et C... M... avaient eu le projet de me voler ma malle à Victoria station, où ils m'attendaient. Il me dit que B... avait déposé à la consigne une malle remplie de vieux journaux, et que C... et M... devaient substituer son billet au mien, en se chargeant de prendre mes bagages. Il me déclara que j'étais entre les mains de gredins qui conspiraient encore pour me tromper et me perdre.

« — Vous devez quitter cette maison, ajouta-t-il; si vous y restez, B... viendra un de ces jours voler votre malle.

« J'étais grandement effrayée, en entendant ces révélations.

« Il se présentait comme un honnête homme, je le pris pour tel.

« Il me dit être marchand, gagner 5 liv. (125 fr.), m'offrit un appartement plus convenable que le mien, dans la propre maison où il demeurait, qui était gardée par le mari et la femme.

« Cela aboutit à un logement gardé par un maquereau (1) et sa femme dans Poland street.

« Dès que j'y fus, il se démasqua en me disant que j'aurais à payer par semaine, pour le logement, 1 livre 5 sh. pour la table et 1 livre 5 sh. pour le service, soit en tout 4 liv. 10 sh. (112 fr. 50).

« — Mais où voulez-vous que je trouve de l'argent?

« — Oh! me dit-il, naturellement vous allez recevoir des messieurs.

« Je refusai, avec indignation, de me prostituer pour l'entretenir. Il me battit alors atrocement, me frappant sur le cou et sur la tête; je criai, l'homme et la femme prirent mon parti. Il partit, et la porte fut fermée sur lui. Mais j'avais apporté ma malle dans cette maison; je n'avais pas d'argent. Il ne me restait donc qu'un moyen pour recouvrer ma malle et mes effets.

« La femme me dit qu'elle m'amènerait un aimable gentleman qui me payerait bien. Je consentis et me perdis.

(1) En français dans le texte.

« Après avoir demeuré une semaine à cette place, j'allai 142, S... street, où je restai une quinzaine, puis au 120 de la même rue, qui avait le même propriétaire, pendant quatre mois, en payant 27 sh. 5 d. par semaine. J'allai ensuite, W... street, Pimlico, où j'ai été sauvée. »

« Un des membres de notre Comité a intervieuvé B... ; non seulement, celui-ci reconnaît les fraudes qu'il emploie pour amener des jeunes filles françaises en Angleterre, mais il a offert d'en procurer, pourvu qu'on lui avançât 10 sh. de dépenses préalables et qu'on lui donnât 5 livres au moment de la livraison de l'objet. Il fait publier, dans un journal de Normandie, la promesse d'excellentes places pour les jeunes filles. Cet homme continue son métier. »

LXII

Le commerce d'exportation

« Il n'y a pas grand'chose à dire du commerce des jeunes filles anglaises à l'étranger, grâce aux travaux du comité de M. Benjamin Scott (1) et

(1) Voir 2e partie.

l'admirable rapport de M. Snagge, que sir W. Harcourt paraît avoir oublié.

« La prostitution, en Angleterre, c'est le purgatoire ; sous le système de la prostitution officielle, c'est l'enfer.

« Le trafic étranger est la prolongation indéfinie du labyrinthe de la moderne Babylone, dans lequel est perdu tout espoir de rédemption.

« Quand une fille a le malheur de s'arrêter sur le bord fatal, elle est regardée comme un bon gibier par le marchand d'esclaves qui ramasse des colis humains dans le grand marché de Londres pour les envoyer jusque de l'autre côté du globe.

« Elles vont de place en place, de ville en ville, achetées, échangées, vendues, entraînées partout et toujours, comme les ombres désespérées des damnés, jusqu'à ce qu'elles tombent dans le sommeil où le mal les abandonne et la fatigue fait le reste. »

LXIII

Recrutement en province

« Les personnes qui croient que le trafic à l'étranger a cessé se trompent.

« Pas plus tard que la semaine dernière, un lot de trois « colis » a été expédié de Leicester square en Belgique. Deux des femmes sont à Anvers, l'autre à Bruxelles.

« On attend prochainement une beaucoup plus grande livraison.

« Les facteurs de ce commerce international sont actuellement en province. Ils disent qu'à Londres, les filles ont été effrayées en apprenant à quels traitements elles sont soumises sur le continent.

« Ils n'ont pu en trouver que trois à Londres; en province, ils espèrent en racoler trois douzaines.

« La prochaine livraison doit partir demain soir (1).

« L'enquête sur les ramifications de ce nouveau commerce des esclaves a été la partie la plus dangereuse de notre travail : il est presque tout entier entre les mains d'anciens convicts, qui connaissent trop bien les inconvénients de la « maison correctionnelle » (2) pour reculer devant la suppression d'un témoin gênant.

« C'était pour moi une sensation toute nouvelle de m'asseoir, pour fumer et boire, à côté d'hom-

(1) *Pall Mall* du 10 juillet.
(2) En français dans le texte.

mes tout frais émoulus de la prison, dans le « *snug of a gin palace* » (l'endroit confortable d'un palais du gin), pour leur demander le prix exact de l'expédition des filles dans les maisons de tolérance des pays étrangers.

« Un de ces excellents commerçants, qui vit dans une telle odeur de sainteté qu'il a son quartier général dans l'ombre de l'archevêché, se chargea de me débarrasser d'une maîtresse, que je voulais supprimer, parce que j'allais me marier, en l'expédiant dans une maison de tolérance de Bruxelles.

« Pour ce grand service, il ne me demandait que 10 livres (250 fr.). Un autre agent était prêt à se charger de la même commission, si son collègue ne la prenait pas.

« Avec un héroïsme et un sacrifice de soi-même, digne des martyrs, une jeune et pure jeune fille offrit de courir les risques effroyables d'être placée dans une maison de Bruxelles, si c'était nécessaire, pour compléter la démonstration.

« Je n'aurais pas voulu permettre une si terrible expérience ; mais qu'il y ait des femmes capables d'un dévouement si sublime à la cause de leurs sœurs outragées et dégradées, cela illumine, comme un rayon de lumière divine, les ténèbres de cet enfer.

LXIV

Une entrevue avec un ancien marchand d'esclaves

« Cette semaine, j'ai eu un long entretien avec John, le S. —, qui était revenu à Londres depuis quelques semaines, à la suite d'un long et involontaire séjour en Belgique, son pays natal.

« Ce digne homme a depuis longtemps une haute réputation dans le commerce des jeunes filles à l'étranger, non seulement à cause de sa propre valeur, mais encore à cause de sa femme, une irlandaise, qui, en ce moment, exerce à Manchester son métier de procureuse pour l'exportation.

« Au mois d'avril 1881, John, le S. —, convaincu en Belgique de fraude et de provocation de mineures à la débauche, fut condamné à six années de prison, qu'il a faites dans la maison de Ghent.

« Une année de sa peine lui a été remise pour bonne conduite.

« Bien nourri et bien soigné, John serait un homme d'une apparence remarquable et même imposante.

« Maintenant, il est un peu abattu ; mais son

attitude est frappante, et ses cheveux gris lui donnent un aspect intéressant.

« Nous nous trouvâmes dans un restaurant du Strand, où nous eûmes une longue conversation sur le commerce des jeunes Anglaises, profession à laquelle il jura avoir renoncé pour toujours. Il a trop couché sur la planche, a mangé trop de pain sec et bu trop d'eau, dit-il; et ayant ainsi renoncé au métier, il n'a plus de raison pour ne pas en parler en toute sincérité.

« — Combien, lui demandai-je, y a-t-il de jeunes filles anglaises envoyées dans les maisons de prostitution étrangères?

« John ne répondit pas immédiatement. Il commença à calculer le nombre des maisons de prostitution existant à Bruxelles, Anvers, Lille, Boulogne et Ostende, dans lesquelles, à sa connaissance, ont été placées de jeunes Anglaises.

« — Je ne puis parler, dit-il, que de la Belgique et du nord de la France; je ne sais rien de Bordeaux, de Paris, de la Hollande ni du reste du continent. Mais je pense qu'en moyenne, dans les places que je viens de désigner, on expédie vingt jeunes anglaises par mois.

« — C'est-à-dire deux cent cinquante par an. C'est beaucoup. Combien, parmi ces jeunes filles, étaient-elles prostituées avant leur départ?

« — Une sur trois, je pense. Les deux autres

pensent qu'elles vont en place et n'apprennent la réalité que lorsqu'elles sont dans la maison de prostitution. La vérité même ne leur apparaît que par degrés. La jeune anglaise se trouve au milieu de femmes étrangères ; elles lui cachent d'abord la vérité, puis peu à peu la lui découvrent, et brisée, elle finit par accepter son sort comme inévitable.

« — Pensez-vous que ce chiffre de 250 filles n'est pas exagéré, relativement au peu d'étendue du marché qu'elles doivent approvisionner ?

« — Non, répondit-il. Les filles ne restent pas longtemps dans la même maison ; elles passent constamment de maison en maison et pénètrent ainsi de place en place dans l'intérieur du continent.

« — Combien y avait-il de filles anglaises, comme complément ordinaire, dans les maisons que vous approvisionniez ?

« — Ordinairement une ou deux. A Bruxelles, il y a en moyenne vingt ou trente Anglaises, à Anvers beaucoup plus ; on pourrait y trouver quatre ou cinq Anglaises dans une vingtaine de maisons. Naturellement, je n'ai pas de statistique. Ce n'est qu'une appréciation de ma part, d'après ce que je sais des maisons et de leurs habitudes.

« — Comment ces maisons se fournissent-elles ?

« — C'est une affaire régulière. Quant à moi, je n'ai fait que de petites affaires. En fait, je n'y ai conduit que onze jeunes filles, non comprises celles que ma femme y a envoyées : cinq à Bruxelles, trois à Anvers, deux à Boulogne, une à Lille. Mais mon expérience est un échantillon des plus grands commerces.

« J'étais payé, par le tenancier de la maison, tant par fille, pourvu qu'à son arrivée elle fût reconnue saine à la visite. Si elle était trouvée malade et envoyée à l'hôpital, je n'avais rien à réclamer.

« Les tenanciers avaient l'habitude de promettre que si, une fois guérie, elle entrait dans leur maison, ils me payeraient ma commission ; mais ils ne le faisaient jamais, ajouta-t-il avec mépris pour la mauvaise foi de ces tenanciers.

« — Quelle était la commission habituelle?

« — J'avais 10 livres (250 fr.) par tête, sur lesquels j'avais à payer les dépenses de recrutement et de voyage.

« — Etaient-elles considérables?

« — Non. Les dépenses de bateau et de chemin de fer sont peu de chose. Quant au recrutement, ma femme allait dans la rue, et racolait des filles, soit des prostituées dans l'embarras, des domestiques sans place ou des demoiselles de magasin. Je leur ai toujours dit où je les conduisais; mais tous mes collègues n'agissaient pas avec cette loyauté. C'est tout simple : une fois que la jeune fille vous écoute, vous pouvez lui faire croire tout ce que vous voulez. Elles sont si stupides qu'elles croient tout ! Vous leur promettez une bonne position, de belles toilettes, la liberté d'aller au théâtre, de hauts salaires, toutes choses de nature à provoquer les soupçons d'une jeune fille avisée ; mais, au contraire, elles mordent à l'appât comme des goujons.

« — Par où vont-elles ?

« — La plupart par Douvres et Ostende. Quelquefois la tenancière vient les prendre à Douvres. Elle en prend grand soin une fois qu'elle les a en sa possession.

« — Quelles sont les difficultés du métier ?

« 1° La possibilité que la femme de chambre ou quelque anglaise cause avec les filles à bord du steamer et ne les détourne d'aller plus loin ;

« 2° Une fois débarquées, elles pourraient être prises de peur, faire du scandale ; quant à la police, elle ne sait pas l'anglais, la jeune fille ne sait pas le français ; l'interprète est fourni par le tenancier et naturellement répond dans l'intérêt de celui-ci ;

« 3° Une fois à leur destination, quelqu'un peut engager les filles à réclamer auprès du procureur du roi, et celui-ci peut les faire sortir de la maison de prostitution, si elles y sont retenues contre leur gré, sans même payer leurs dettes.

« — Pourquoi alors les filles restent-elles ?

« — Elles ne peuvent pas facilement s'adresser au procureur. Si l'occasion se présente, il est facile de les dissuader, en les faisant boire. Quelquefois les filles se plaignent très amèrement, spécialement au médecin chargé de l'inspection officielle. Les filles anglaises n'aiment pas cette formalité et quelquefois elles ont résisté violemment.

« En Angleterre, les filles sont libres. En Belgique, elles le sont moins, mais elles le sont encore plus qu'en France. Les filles changent incessamment de maisons ; elles en font souvent trois ou quatre dans une année.

« — Quels sont les principaux exportateurs maintenant ?

« — F — est allé à Liverpool pour recruter des jeunes filles, ma femme est à Manchester, Alfred aux belles dents et une demi-douzaine d'autres sont à Londres. K. —, P. —, G. —, C. — et R. —, qui sont tous belges, font aussi ce métier. L'exportation des petites filles de treize et quatorze ans est dans les mains d'une vieille femme nommée Kate. Je ne sais pas qui fournit les enfants de huit et neuf ans.

« Si vous voulez arrêter ce commerce à l'égard des filles, qui y vont contre leur gré, il vous suffit de placer quelqu'un sur le bateau à vapeur, qui ait soin de les prévenir et qui veille à ce que le procureur du roi fasse son devoir. »

LXV

Une entrevue avec un « colis » expédié à Bordeaux

« Voici le récit d'une pauvre fille que la fatalité condamna à rester trois ans et neuf mois dans une maison de prostitution de Bordeaux.

« Elle y avait été envoyée par un misérable Grec qui tenait un magasin de cigares dans une rue aboutissant à Regent street. Il l'emmena, ainsi que trois autres, en leur assurant qu'elles auraient de bonnes situations, soit comme *barmaids* (demoiselles dans un bar) ou dans des familles bourgeoises. Son histoire, qui est confirmée par son mari qu'elle a rejoint, après son long séjour dans le sud de la France, est un type caractéristique de la traite des blanches à l'étranger.

« Il y a à peu près six ans, dit Mme M —, une maladie prolongée de mon mari nous avait réduits à la misère. Je le quittai pour tâcher de gagner ma vie. Une de mes amies, jeune fille honnête, me dit qu'un Grec lui proposait, ainsi qu'à trois jeunes filles, de les envoyer à Bordeaux, où elles trouveraient à leur arrivée d'excellentes situations.

« Je saisis cette occasion d'aller avec elle, à Bordeaux, pour échapper à mes souffrances de Londres. Je vis le Grec, et il acheva de me décider.

« Nous étions quatre, mon amie et deux autres jeunes filles. Voici nos noms : Mary Hanson, âgée de vingt ans; Rosina Marks, dont je ne me rappelle plus l'âge; Anna Giffard, une tailleuse, âgée de 25 ans, et moi-même, Amelia M —; mais je pris le nom d'Amelia Powel.

« Nous nous embarquâmes au dock Sainte-Catherine pour Bordeaux; nous quittâmes Londres un jeudi soir, en février ou mars 1879, et arrivâmes à Bordeaux, le dimanche, à peu près à sept heures du soir.

« Du bateau à vapeur, nous fûmes conduites directement, sans rien soupçonner, à la maison de Mme Suchon, 36, rue Lambert, que nous prîmes pour un hôtel ou pour la maison de l'ami à qui le Grec nous avait adressées; la dame était très aimable et nous étions convaincues que le Grec était un homme de parole.

« Le lundi, cependant, nous eûmes un cruel réveil. On avait enlevé nos vêtements, et on les avait remplacés par des robes de soie. Nous fûmes conduites au médecin. Nous protestâmes; mais il ne parlait que français et nous nous ne parlions qu'anglais. Que faire? nous étions seules, à l'étranger.

« La maîtresse de la maison insista le soir, après nous avoir donné du champagne, pour nous faire recevoir des messieurs.

« — Jamais, dis-je; je veux m'en aller.

« — Vous ne le pouvez, répondit-elle, car vous me devez 1,800 francs!

« — Comment! 1,800 francs! il y a deux jours que je suis ici.

« — Vous oubliez que vous avez à payer le prix qu'a coûté votre commission pour vous amener ici et les vêtements de soie que vous portez.

« C'est l'habitude constante, comme je l'appris plus tard. Le prix de la commission, au minimum de 10 L. st. (250 fr.), est immédiatement porté au compte de la maîtresse de la maison et au passif de la fille. Ce n'est pas tout. On vous oblige à prendre une belle toilette, comptée double de sa valeur.

« On me dit que si je me montrais une bonne fille, je gagnerais assez d'argent pour retourner bientôt auprès de mon mari, qu'autrement, je ne le reverrais jamais. Je dois ajouter que j'avais dit au docteur que j'étais une femme mariée.

« — Où est votre mari? me répondit-il.

« Et il passa outre.

« Au bout de quelque temps, je me décidai à recevoir des messieurs, comprenant qu'autrement je ne pourrais jamais retourner à Londres. Je me soumis donc, et comme j'étais jeune et agréable, je gagnai en moins de six mois de quoi acquitter ma dette. Mais l'argent ne vous reste jamais dans les mains. Il est porté à votre crédit sur les livres de l'établissement. Théoriquement, une fois que vous êtes acquittée, vous pouvez le quitter ; mais quand la dame de la maison voit que vous ne devez plus que 4 à 500 francs, elle vous pousse par toutes sortes de moyens à relever votre dette, quelquefois même elle a recours à la fraude la plus évidente. Et ainsi les mois succèdent aux mois.

« — Combien de temps êtes-vous restée là ?

« — Trois ans et neuf mois.

« — Et pourquoi n'avez-vous pas prévenu votre mari ?

« — On ne nous permet jamais d'envoyer des lettres ; nous pouvons bien en recevoir, mais la maîtresse les lit d'abord. Quelquefois nous avons essayé d'envoyer des messages par des marins anglais qui venaient nous voir, mais jamais aucune réponse ne nous est parvenue.

« Nous étions dix-sept filles dans la maison : le droit d'entrée était de 3 francs. C'était une maison de la classe moyenne. Pour celles de la basse classe, le prix d'entrée est de 1 franc. La plus distinguée est rue Berguin, le prix est de 10 francs. Elle ne contenait que quatre filles.

« Pendant mon séjour à Bordeaux, une fille, nommée S — dont le père, disait-on, était fabricant de voitures, mourut. Son frère vint de Londres pour emporter son corps ; la maîtresse de la maison refusa de le lui livrer, jusqu'à ce qu'il eût payé la dette qui se trouvait portée sur le livre. Elle avait été emmenée d'Angleterre en Espagne, puis revendue à Bordeaux.

« Une des jeunes Anglaises qui était venue avec moi, Mary Hanson, fut vendue pour l'Amérique du Sud, c'est-à-dire qu'un agent paya sa dette et l'emmena. Elle y consentit. Toutes les filles qui ont été longtemps dans une maison voient qu'elles ne parviendront jamais à s'affranchir de leur dette ; elles vont ailleurs, espérant être plus heureuses, et elles trouvent la même déception.

« — Connaissez-vous des filles qui soient jamais parvenues à racheter leur liberté ?

« — Non. Nous essayons toujours, mais nous ne réussissons jamais, quoique nous ayons gagné bien plus qu'il n'eût été nécessaire. Les tenanciers ont tant de moyens pour charger la dette, ne fût-ce que la boisson !

« — Combien y avait-il d'anglaises dans la maison de Mme Suchon?

« — Deux; mais nous avions l'habitude de nous trouver avec les filles anglaises qui étaient dans les autres maisons, quand nous allions à la visite, rue de Graffe, les mardis, jeudis et samedis.

« — N'avez-vous jamais eu l'idée de vous échapper, en allant à la visite?

« — Nous n'étions pas seules, la maîtresse de la maison ne nous permettait pas de sortir sans elle.

« — Comment avez-vous recouvré votre liberté?

« — Un monsieur de Toulouse fut pris de fantaisie pour moi. Il paya mes dettes, puis mon passage pour Londres. Autrement je serais encore dans cette maison?

« — Avez-vous laissé des anglaises dans cette maison?

« — Oui, Rosina Marks, qui pleurait bien tristement quand je partis. « Comme vous avez de la chance, Amélia, me disait-elle, moi je ne pourrai jamais payer ma dette et je mourrai ici. »

« — Et Rosina y est-elle encore?

« — Autant que je puis le croire, il y a deux ans, elle y était encore, et je n'ai pas appris sa mort.

« Elle était d'une famille de cabaretiers de

Southampton, et son père était employé chez — — près de la ville. C'était une jeune fille très timide que Rosina, et la maîtresse de la maison la malmenait très durement. J'ai bien souvent désiré qu'on pût faire quelque chose pour elle, mais elle ne paraît pas avoir de chance.

« Quelqu'un pourrait peut-être faire quelque chose pour Rosina, si elle vit encore à Bordeaux. Mais qui sait? elle est peut-être morte ou a été vendue en Espagne ou ailleurs, ou bien, comme beaucoup d'autres, tombée dans l'ivrognerie, elle a peut-être perdu tout sentiment et toute raison.

« Il y en a des foules qui suivent la même voie ; souvent nous entendons parler de mystérieuses disparitions de jeunes filles. Les garçons, quoique beaucoup plus aventureux, ne disparaissent pas dans la même proportion. La conséquence est claire. Ce qu'elles sont devenues? les faits de West Ham, de la fille Hearnden à Folkestone, le cas de la petite fille d'un de nos correspondants de la côte Sud, qui nous a écrit pour nous supplier de tâcher de découvrir ce qu'était devenue sa fille, nous le montrent.

« Maintenant que le silence a été rompu, nous entendrons parler beaucoup plus souvent de ces faits et aurons à déplorer leur multiplication sans fin.

« Il n'y a qu'une sauvegarde, la publicité, la publicité, la publicité !

« Quiconque essaye d'étouffer la voix du dénonciateur partage la culpabilité de ceux sur qui, en trop petit nombre, nous avons l'orgueil d'avoir projeté un peu de lumière. »

DEUXIÈME PARTIE

LES CONSÉQUENCES DE LA CAMPAGNE

I

Le triomphe de la Pall Mall Gazette

La publicité! C'est à elle qu'appartient, pour bon nombre de questions, la solution qu'on va chercher bien loin.

Cependant, malgré toutes les preuves éclatantes qu'elle a données de sa puissance depuis un siècle, beaucoup de gens ne comprennent pas encore son utilité et son rôle social.

Pour eux, le coupable n'est pas celui qui commet l'acte, c'est celui qui le dénonce. Toutes les anciennes lois sur la presse étaient basées sur cette opinion.

Quoique l'Angleterre soit le pays classique de la liberté de la presse, M. Cavendish Bentinck, en demandant des poursuites contre *la Pall Mall*

Gazette; le *solicitor* de la Cité, en faisant arrêter treize porteurs de *la Pall Mall Gazette*, ont prouvé que cette manière de voir n'y avait pas complètement disparu.

Pourquoi parler de ces choses-là? qui s'en inquiétait? à quoi bon étaler au grand jour ces horreurs qui se passaient sans bruit, discrètement, dans l'ombre? Un journal qui fait une pareille besogne est bien coupable.

J'en sais quelque chose.

Mais, à ce compte, les magistrats qui jugent tous les jours des crimes et des délits, qui remuent, du haut de leurs sièges, la boue et le sang à pleines mains, font encore bien un autre scandale et sont autrement coupables! Ils devraient laisser les criminels tranquilles, de peur de donner à l'étranger mauvaise opinion de leur pays, et d'apprendre aux âmes innocentes que, dans nos sociétés, se passent encore des faits odieux.

A ceux qui la menaçaient de poursuites, *la Pall Mall Gazette* lança ce défi : — Osez!

Le nouveau ministre de l'intérieur, M. Richard Cross, répondit : — Non. Il se bornait à faire une enquête sur les faits articulés contre la police. Il est probable qu'il se bornera à interroger les inculpés et à leur dire : — Est-ce vous?

Les inculpés répondront : — Pouvez-vous croire?

Et M. Richard Cross, en ministre qu'il est, ne croira pas. Il y a des habitudes administratives et gouvernementales qui se retrouvent partout les mêmes, en dépit des frontières : preuve que l'administration, dans tous les pays civilisés, a des règles uniformes.

L'opinion publique oscilla sous le choc, comme il arrive toujours en pareille circonstance. Il y eut des hésitations, des mouvements de tangage et de roulis. La grande presse ne dit rien; mais le monde religieux prit définitivement parti pour *la Pall Mall Gazette.*

C'était une si belle occasion pour tonner contre le « péché », « l'esprit du mal », le « démon de la chair », qu'on ne pouvait la laisser échapper. Quoique le protestantisme ait supprimé le célibat des prêtres, il a conservé l'horreur des rapports sexuels. Il les excuse, purifiés par le sacrement; autrement, il ne les admet pas.

Évêques, doyens, archidoyens, vicaires, prédicateurs, conformistes et non conformistes, suivirent *la Pall Mall Gazette.*

Les journaux américains « les plus purs » se firent télégraphier les articles et les reproduisirent.

Des réunions publiques s'organisèrent à Londres, à Liverpool, à Birkenhead, pour demander des mesures de protection en faveur des jeunes filles.

Des clubs, le *Reform club*, l'*Athæneum club*, s'étaient désabonnés ; il paraît qu'ils ont repris leur abonnement.

Le prince de Galles avait suivi le premier exemple ; mais il a peut-être des motifs pour ne pas suivre le second.

Enfin, le journal avait demandé la formation d'un comité pour contrôler ses révélations. M. Samuel Morley, le cardinal Manning, l'archevêque de Cantorbéry, l'évêque de Londres, ont accepté.

Il a ouvert ses séances le 16 juillet, à Mansion-House, sous la présidence du lord maire, qui, naturellement, n'a pas condamné les porteurs de *la Pall Mall Gazette*, arrêtés et traduits devant lui par le *solicitor* de la Cité.

M. Stead a déjà été entendu plusieurs fois. Il triomphe !

II

L'Armée du Salut

Cependant, il triomphe encore moins que l'Armée du Salut, qui a pour caractérisque d'avoir proclamé que le scandale était le meilleur des instruments religieux, et que, pour extirper le péché, il fallait employer la grosse caisse des classiques arracheurs de dents (1).

Dans un meeting, tenu le 16 juillet à Exeter-Hall, l'Armée du Salut a pris pour elle tout l'honneur de la campagne de *la Pall Mall Gazette*. La générale Catherine Booth a donné lecture d'une lettre qu'elle avait adressée à la Reine, pour la sommer, au nom de son sexe et de ses principes religieux, de tarir cette source d'impuretés. La Reine a fait répondre d'une manière aimable, mais s'est renfermée dans son rôle constitutionnel. La générale, en sa qualité de militaire, n'avait pas pensé à cette difficulté.

Le meeting avait pour président M. Samuel Morley, M. P., un des plus fanatiques partisans de l'exclusion de Bradlaugh de la Chambre des communes. Toutes les résolutions posées furent dignes du libéralisme du président. Le *Criminal Law amendment* parut trop faible. On demanda qu'il fût fortifié. Les tentations du vice devaient être supprimées : les cabarets sont des tentations du vice : l'ivrognerie peut conduire les hommes à des excès, les femmes à des faiblesses; donc on les fermera. La générale Booth, dans sa générosité, veut protéger les hommes aussi bien que les fem-

(1) Voir plusieurs brochures de Mme la comtesse de Gasparin, entre autres : *Simple requête à M. Booth*, 1883.

mes : « Il y a 320,000 hommes perdus à Londres,» dit-elle avec une assurance qui prouve qu'elle les a comptés un à un et les connaît intimement. « Les lois contre les femmes doivent s'appliquer également aux hommes ! » continue-t-elle, avec la conviction que la bonne égalité est l'égalité dans l'oppression et non l'égalité dans la liberté. *La Pall Mall Gazette* a fait une distinction entre le vice et le crime. « C'est faux. Le vice est crime ! » Donc... vous voyez les conséquences !... Il faut protéger les hommes, comme les femmes, contre eux-mêmes et, pour les empêcher d'aller en enfer dans l'autre vie, les mettre en prison dans celle-ci. Le gouvernement manque « à son devoir paternel » en ne leur donnant pas la correction qu'ils méritent et en n'inscrivant pas au budget un fort crédit destiné à l'Armée du Salut, pour convertir les prostituées à la chasteté (1), — et les 320,000 hommes perdus aussi, sans doute.

La résolution suivante fut adoptée :

« Le meeting, voyant avec horreur et indignation l'énormité des crimes si noblement exposés par le directeur de *la Pall Mall Gazette*, demande au nom de Dieu, de la patrie, et de la pureté, que la loi soit immédiatement amendée pour protéger

(1) Voir le compte rendu du meeting dans le journal de l'Armée du Salut : *The War Cry* (le Cri de guerre), du 22 juillet.

les femmes et les enfants des épouvantables dangers auxquels ils sont maintenant exposés, et demande au Parlement de voter, pendant la session actuelle, un bill pour la protection des jeunes filles contre les dangers de la luxure des hommes dépravés, en fixant l'âge de la protection, en assurant d'une manière plus effective le châtiment, non seulement des agents et des traficants du vice, mais aussi des misérables qui achètent des enfants pour la satisfaction de leurs dangereuses passions; ce bill devra donner aussi au magistrat le pouvoir d'agir à la requête d'un parent, d'un tuteur, et aussi de quelque autre personne intéressée, et de délivrer un mandat de perquisition dans toute maison où il y aura raison de croire que des filles sont détenues dans un but immoral. »

La générale Booth, à qui on ne peut méconnaître des qualités pratiques (1), annonça qu'un fonds de 10,000 livres livres sterling (250,000 fr.), était constitué pour soutenir cette résolution.

En dehors de ce premier parti, elle, ses officiers, ses soldats, pourraient en tirer un autre merveilleux, si cette résolution se transformait en article de loi. On les verrait assiéger tous les tribunaux, tous les magistrats, tous les bureaux de police, et

(1) Voir dans les annonces du *War Cry* ses opérations sur les immeubles.

obtenir des mandats de perquisition pour aller arracher, de toutes les maisons qui leur paraîtraient suspectes, des jeunes filles plus ou moins innocentes. Jamais chevaliers errants n'auraient délivré autant de princesses infortunées des griffes des dragons légendaires.

Le citoyen anglais ne pourrait plus dire : *My home is my castle*, « ma maison est mon château fort. » Elle serait une place publique où l'Armée du Salut pourrait prendre ses ébats tout à l'aise.

Les charlatans n'ont pas la prétention de s'adresser à l'intelligence : ils chatouillent les plus grossiers instincts de l'homme. La solution proposée par l'Armée du Salut est tout à fait à la hauteur de son niveau intellectuel.

Malheureusement, l'homme a beaucoup moins d'aptitude au progrès qu'à la réversion. L'opinion surchauffée se trouva d'accord. Quelle belle occasion, pour taper sur le démon, dans la personne de ceux qu'il possède ; pour faire étalage de vertu, en pourchassant le vice ; pour donner carrière à l'esprit persécuteur qui semble ne pouvoir jamais se séparer de l'esprit religieux ; pour prendre des boucs émissaires chargés, par une expiation éclatante, de laver devant le monde tous les péchés dont avait paru souillée la pudique Albion !

La répression ! la répression ! Notre empirisme social ne connaît qu'un moyen uniforme de guérir tous les maux : c'est d'envoyer les gens en prison.

Comme la prison est essentiellement dépressive et corruptrice, il en résulte que pour guérir un mal on en ajoute un autre.

C'est si simple! Aussi la Chambre des communes n'a pas manqué de suivre cette méthode. Elle a immédiatement adopté l'*Amendment Criminal Law*, le jetant à l'opinion publique comme un os à ronger. Si elle n'est pas contente après cela!

Cependant, il n'en est encore qu'à la seconde lecture. Il est douteux qu'il arrive intact jusqu'à la troisième. En tout cas, nous en donnons les principales dispositions, afin que le public français connaisse exactement l'état de la question.

III

L'« Amendment Criminal law »

Ce Bill a pour titre complet : — Acte destiné, entr'autres objets, à augmenter la protection des femmes et des jeunes filles, à supprimer les *brothels*.

TITRE I. ART. 2. — § 1er. Quiconque engage ou essaye d'engager une femme ou une fille dans les possessions de la Reine ou en dehors, à devenir une prostituée commune;

§ 2. Quiconque engage ou essaye d'engager une femme ou fille à quitter le Royaume-Uni ou quitter son lieu de séjour habituel, pour devenir l'habitante d'un *brothel*, dans les possessions de la Reine ou au dehors, soit qu'il prévienne ou non la femme et la fille de son intention, sera coupable de délit et passible d'un emprisonnement de deux ans au maximum avec ou sans travail forcé.

Art. 3. — § 1. Quiconque, par menace ou intimidation, engage ou essaye d'engager une femme ou fille à avoir un rapport sexuel illégal, dans les possessions de la Reine ou au dehors, avec lui-même ou un autre homme;

§ 2. Quiconque, par faux prétextes ou autres moyens frauduleux, engage une femme ou une fille à avoir un rapport sexuel illégal, avec lui-même ou avec un autre homme, toutefois ce paragraphe ne devant pas s'appliquer si la femme ou la fille savent que ce rapport est illégal;

§ 3. Quiconque pousse une jeune fille de moins de 21 ans à entrer dans un *brothel*, avec l'intention qu'elle aura un rapport sexuel avec lui-même ou avec d'autres, à la condition qu'elle ne sache pas que cette maison soit un *brothel* ou la dépendance d'un *brothel*, sera passible de deux ans de prison au maximum avec ou sans travail forcé.....

Art. 4. — Quiconque, illégalement et charnellement connaît une fille âgée de moins de douze ans, sera coupable de crime et passible de la servitude pénale de cinq ans à perpétuité, ou d'emprisonnement de deux ans au maximum, avec ou sans travail forcé.

Art. 5. — Quiconque, connaît ou tente de connaître illégalement et charnellement une jeune fille âgée de plus de de douze ans et de moins de quinze ans, sera coupable de délit et sera passible d'un emprisonnement de deux ans au maximum, avec ou sans travail forcé.

Toutefois, il sera excusé s'il prouve qu'il avait de bonnes raisons de croire que la fille avait quinze ans ou plus.

Personne ne sera poursuivi de ce chef sans l'assentiment de l'Attorney général ou du Directeur des poursuites publiques, à moins que le magistrat ne pense qu'il peut être nécessaire de s'assurer de la garde du prévenu.

Art. 6. — Quiconque, propriétaire ou occupant, à un titre quelconque, une propriété, permettra à une jeune fille de moins de quinze ans d'entrer en contact soit avec un seul, soit avec plusieurs hommes, sera coupable de délit et sera puni de deux ans de prison au maximum avec ou sans travail forcé.

Si un juge de paix est convaincu, à la suite d'une dénonciation faite devant lui sous serment, par un parent, même collatéral, un tuteur de la jeune fille, ou toute personne qui, dans son opinion, agira *bonâ fide* dans l'intérêt de la jeune fille, que l'acte prévu par cet article a été commis dans un lieu dépendant de sa juridiction, il pourra donner un mandat à un inspecteur ou un officier de police, pour entrer, au besoin par la force, dans ce lieu, faire toutes les enquêtes nécessaires, et arrêter et amener devant la justice, quiconque il soupçonnera de ce délit, ainsi que la jeune fille, et les magistrats pourront contraindre la jeune fille à paraître comme témoin.

Quiconque enlève, contre la volonté de son père ou de sa mère ou de toute autre personne ayant pouvoir légal sur elle, une jeune fille de moins de 18 ans, dans le but de lui faire avoir des rapports illégaux avec un homme, sera coupable de délit et condamné à deux ans de prison au maximum, avec ou sans travail forcé.

Art. 8. — Si dans la poursuite pour rapt, le jury arrive à la conviction que l'accusé n'est pas coupable de crime, mais seulement d'attentat à la pudeur, l'accusé sera passible seulement de la peine qu'entraîne ce dernier délit.

Art. 9. — La sous-section 11 de la 55e section de l'acte de la session des seconde et troisième années du règne de Sa Majesté, chapitre 47, intitulé : Acte pour fortifier la police dans la métropole et sa banlieue, et la section 28 de la Loi sur la police des villes de 1847, sont abrogées et remplacées par les dispositions suivantes :

§ 1. Toute prostituée commune ou promeneuse de nuit qui, dans un lieu public dans les limites du district de la police métropolitaine, sollicite les passants dans un but de prostitution ;

§ 2. Tout homme qui, dans un lieu public, importune habituellement ou avec persistance les femmes ou les jeunes filles dans un but immoral, sera coupable de délit (1).

(1) Le Bill ne mentionne pas la pénalité.

Un seul témoin ne suffira pas pour établir la preuve.

ART. 10. — Dans tous les procès, provoqués par cet acte, les magistrats pourront faire interdire l'accès de la salle d'audience à toutes les femmes et à toutes les personnes âgées de moins de 21 ans.

ART. 11. — Les intéressés sont exclus de cette disposition.

PARTIE II

SUPPRESSION DES « BROTHELS »

ART. 12. — Quiconque tient, gère ou aide à gérer un *brothel*;

Quiconque, locataire ou occupant d'un lieu quelconque, permet qu'il soit, en tout ou partie, employé comme *brothel*, sera passible :

1° D'une amende de vingt livres, au plus, ou d'un emprisonnement de deux mois au maximum, avec ou sans travail forcé ;

2° En cas de récidive, d'une amende de 40 livres au plus ou d'un emprisonnement de trois mois au maximum, avec ou sans travail forcé ;

En cas de troisième poursuite, outre la pénalité ci-dessus, la personne coupable devra s'engager, avec ou sans caution, au gré de la Cour, à mener bonne conduite pendant douze mois au maximum, ou à défaut de cet engagement, elle sera condamnée à trois mois d'emprisonnement, qui ne se confondront pas avec l'autre peine.

Telles sont les dispositions essentielles de cette loi draconienne.

IV

La solution de « la Pall Mall Gazette ».

La Pall Mall Gazette ne put s'empêcher de trouver que cet *Amendment criminal law* était en contradiction trop flagrante avec la formule qu'elle avait prise au début de ses articles : liberté du vice, suppression du crime.

A son tour, elle donna sa solution(1) :

« 1° Considérant l'heure avancée de la session, le bill doit être allégé de toute matière étrangère et discutable;

« 2° L'usage du consentement doit être élevé au moins à seize ans, âge deux fois admis par la Chambre des lords, âge en deçà duquel plusieurs bills du Parlement reconnaissent qu'une jeune fille ne peut pas contracter pour elle-même;

« 3° Aucune extension de pouvoir ne doit être donnée à la police sur les femmes, mais la loi sur le racolage doit être applicable aux deux sexes. Nous réclamons une justice égale et non une loi indulgente pour les forts et dure pour les faibles;

(1) N° du 13 juillet.

« 4° Le bill doit avoir pour but non la suppression du vice, mais la suppression du crime : une liberté complète égale pour l'immoralité volontaire entre adultes contractant à termes égaux, tant qu'ils ne font pas de tort à leurs voisins; mais une répression vigoureuse pour toute criminalité sexuelle, c'est-à-dire pour tous les actes en dehors du plein, libre et intelligent consentement, ou dans lesquels une des parties est trop jeune. »

Ces déclarations manquent de netteté. Il y a une différence entre les principes affirmés et certaines conclusions.

Liberté du vice? alors pourquoi interdiction du racolage pour hommes et pour femmes? Le racolage ne fait donc pas partie de la liberté du vice? Vous ne nous avez parlé que de la répression du crime. Le racolage est-il un crime? Pourquoi pas la promenade dans la rue? Un homme et une femme s'arrêtent, échangent quelques mots, montent ensemble dans un cab; commettent-ils un crime? *La Pall Mall Gazette* n'oserait le soutenir. Alors que devient sa formule, puisqu'elle veut que tous les deux soient poursuivis?

Si ses formules sont critiquables, elle a montré que l'*Amendment criminal law* était beaucoup plus terrible en apparence qu'en réalité.

Le premier article punit d'un emprisonnement

de deux ans quiconque engage ou essaye d'engager une femme ou fille à devenir une prostituée commune.

« Mais, dit *la Pall Mall Gazette,* cet article ferait le bonheur de Mmes X... et Z... Elles, comme la plupart des proxénètes, du reste, n'engagent jamais des femmes ou des jeunes filles à devenir des prostituées communes. Un samedi, elles me promirent deux jeunes filles; le jeudi, à un de mes collaborateurs, deux vierges ; le vendredi soir, à un autre, une fille qui avait déjà été séduite pour être emmenée au dehors. Aucun de ces cas ne tombe sous l'application de l'article 1er de l'*Amendment criminal law.*

« Autre exemple. C'est à peine croyable, mais je le sais pertinemment. Dans l'Ouest, il y a trois proxénètes qui ne sont au service que d'un seul individu. Ces dames repousseraient avec horreur l'idée de procurer des femmes pour en faire des prostituées communes. Ce n'est pas leur métier. Elles livrent seulement des filles au minotaure, et après, comme le déclarait l'une d'elles, avec sentiment : « Je n'ai pas de repos que je n'aie remis l'enfant entre les bras de sa mère. »

C'est la preuve qu'on ne peut pas tout prévoir.

V

Le discours de M. Hopwood

Cependant, au milieu de cet effarement, dans la séance du 9 juillet, un membre du Parlement, M. Hopwood, fit entendre des paroles qui empruntent une grande autorité à son expérience, à son talent, à sa situation.

Il déclara que le fameux *Amendment* était une absurdité du commencement à la fin. Pendant trente ans, il a appliqué la *Criminal law*. Il sait donc pratiquement ce qu'elle vaut. « Les lords, au contraire, vivent dans un ballon. »

« Ce bill traite les filles de 15 ans comme des petits enfants : c'est ridicule. A 12 ou 13 ans, à Londres, une fille est une femme; et les filles de cet âge ne sont pas les petites innocentes qu'on voudrait nous faire croire. »

Il aurait pu ajouter : — Si elles pèchent par ignorance, il y a un moyen très simple de remédier à ce danger, c'est de suivre le procédé que Diderot employa à l'égard de sa fille.

Il continua :

« Cette loi ne servirait qu'au chantage. Une

fille est disposée à se livrer, elle peut garder le secret; où est votre loi? Ensuite elle découvre son amant : allez-vous donner un tel pouvoir aux jeunes filles?

« Si vous voulez ainsi protéger les filles, pourquoi ne protégez-vous pas aussi les petits garçons? Parce qu'ils doivent se protéger eux-mêmes. Les filles aussi. Du moment que vous faites, de l'Etat, le protecteur de la vertu, vous diminuez la responsabilité que les individus ont d'eux-mêmes. »

« Vous frappez de deux ans de prison un logeur qui logera une fille de moins de quinze ans dans un but de prostitution. Où iront ces malheureuses? Si elles trouvent un refuge, à quel prix? Qu'en faites-vous?

« Vous réclamez de nouvelles lois; mais n'en avez-vous pas déjà? et si elles ont démontré leur impuissance, serait-ce une raison pour les répéter en les aggravant? Les statuts 24 et 25 Vic. Cap. 100, sec. 49 disent : « Quiconque, par faux présents, « fausses promesses ou autres moyens frauduleux aura excité une femme ou une fille à avoir « des rapports sexuels illégaux avec un homme, « sera passible de deux ans de prison au maximum. » La section 56 frappe ceux qui détiendraient ou exciteraient à la débauche les jeunes filles au-dessous de 14 ans; la section 3 ceux qui, par menaces, forcent une femme de se livrer à eux-mêmes ou à un autre.

« Quant aux dispositions sur le racolage, mais elles existent déjà. Seulement à Londres, les magistrats exigent que les personnes sollicitées paraissent comme plaignantes. Ils ont raison.

« A Liverpool, un magistrat prit sur lui de rejeter la pratique des magistrats de Londres, et de temps en temps, de pauvres femmes étaient envoyées en prison, sur le seul témoignage d'un agent de police (1). Cette méthode n'en échoua pas moins ; alors les magistrats prolongèrent l'emprisonnement, afin de faire couper les cheveux des malheureuses. Ce sont là des pratiques cruelles.

« Voulez-vous organiser des *raïds* (des râfles) de police parmi les prostituées ? Mettre plus de femmes en prison ? Fortifier l'action de la police ? Au profit de qui ? Au détriment des prostituées pauvres ? Est-ce là le but du bill ? On ne peut en voir un autre. »

Malgré cette énergique protestation, le bill fut voté en seconde lecture ; mais elle a donné à réfléchir. J'ai sous les yeux une feuille ne conte-

(1) Quelques magistrats de Londres avaient aussi adopté récemment cette pratique ; mais ils furent arrêtés dans cette voie, grâce à l'intervention de la *Vigilance Association for the defence of personal rights.*

nant pas moins de 150 amendements au susdit *Amendment*. S'il sort viable de cette épreuve, il aura la vie plus dure que je ne le suppose et ne le désire.

Je signale toutefois à l'Armée du Salut un amendement qu'elle avait oublié dans sa résolution d'Exeter Hall : c'est celui de M. Samuel Smith demandant que tout homme, tombant sous l'application de l'acte, pût recevoir cinquante coups de fouet! Il avait déjà été proposé par l'évêque de Rochester et lord Aberdare, à la Chambre des lords, le 15 mai 1884.

Si je ne me trompe, cet amendement est le 151 ; il est digne de l'ensemble du projet de la loi. Je crois que M. Samuel Smith est un petit-fils de Swift; en le poussant à ses dernières conséquences, il a voulu montrer le danger du fanatisme puritain.

VI

A prendre et à laisser

Je n'examine pas si tous les faits de *la Pall Mall Gazette* sont nettement prouvés. J'avoue que je trouve Mme Jeffries, mesdames X... et Z..., bien confiantes et bien naïves. Ces dernières ont livré des petites filles. La plupart n'étaient pas vierges. Dans des expériences faites par l'auteur, il a la bonne foi de constater que le viol n'était pas nécessaire pour obtenir ces jeunes filles. Non seulement elles consentaient à se livrer, mais elles tenaient à ce que les clauses du marché fussent remplies. Elles n'auraient pas trouvé mesdames X... et Z..., que, pour elles, le dénouement eût été le même, un peu plus tôt un peu plus tard.

Quelques faits me semblent bien invraisemblables : celui de la chanteuse qui aurait été violée, et une maladie vénérienne aurait paru tout de suite, sans période d'incubation ! Les chanteuses des music-hall anglaises ne m'ont pas paru plus naïves que les chanteuses des cafés-concerts français.

Mais soit : je crois volontiers que *la Pall Mall Gazette* a raison en bloc.

Ses révélations ajouteraient à mon admiration pour la puissance de John Bull. Quel ogre ! Il mange de la chair humaine avec la même voracité que des roastbeefs. Quelle puissance d'absorption ! quelle persistance ! quelle continuité d'efforts ! Il est superbe : et en même temps, comme il reste fidèle à ses grands principes de probité commerciale : les affaires se font régulièrement, avec certificats et engagements écrits. La vieille loyauté anglaise se retrouve partout, dans le commerce des vierges comme dans celui des cotons ! Il a raison d'en être fier. Hurrah pour John Bull !

Ces révélations m'intéressent parce qu'elles confirment ma thèse (1) sur l'impuissance actuelle du christianisme, comme frein ou levier moral.

Un jour, je discutais avec un Anglais — agnosticiste sans l'avouer. — Je lui disais :

— Pourquoi tenez-vous à votre Dieu ?

— Comme levier moral ! me répondit-il.

Ils le considèrent comme une fiction d'une utilité analogue à celle de cette autre fiction qu'on appelle la Reine. Les fictions ont joué dans l'humanité un rôle indiscutable. Il n'est pas encore épuisé. Mais actuellement, le Dieu protestant n'a pas plus d'influence, comme frein aux rapports sexuels, que le Dieu catholique. C'est un écrou usé.

Il suffit de se promener dans la plupart des villes de l'Angleterre pour en être convaincu.

Un grave Anglais me disait :

— Voyez les inconvénients du racolage ! Moi-même, j'ai couru des dangers deux ou trois fois !

Ce qu'il entendait par dangers, c'était le danger de succomber à la tentation. Je ne lui demandai

(1) Voir Yves Guyot : *La Morale*.

pas s'il s'était marié vierge. C'est la prétention de tous les *religious men*. Avant les révélations de *la Pall Mall Gazette*, le nombre des filles suffisait pour attester que ce n'était qu'une hypocrisie. Heureusement pour eux, les Anglais ne sont pas eunuques : seulement, avant le mariage, ils se croient obligés de le paraître. La France a Tartufe ; l'Angleterre, M. Pecksniff : ils ne valent pas mieux l'un que l'autre.

Les hypocrites, pour faire ressortir leurs vertus, ont l'habitude d'exagérer les vices des autres. Ce sont des faiseurs d'ombres et de clartés, des Rembrandt de moralité. Eux forment le point lumineux, portent l'auréole. Un jour, à Neuchâtel, j'ai entendu le Dr Routh célébrer les vertus de la pudique Albion, en racontant les dépravations de la Babylone moderne, qui n'était autre que Paris. Aujourd'hui, Babylone a repassé le détroit.

Dans la bouche du Dr Routh, Paris était non seulement Babylone, mais Gomorrhe et Sodome. Il raconta des histoires comme sont capables d'en inventer les imaginations malades. Saint Antoine et le marquis de Sade sont de la même famille intellectuelle. Du moment que M. de Germiny avait existé, il concluait pour Paris à un germinisme universel. Nous ne tirerons pas les mêmes conséquences à l'égard de Londres.

Si un vieux satyre consomme trois vierges par

quinzaine, nous ne dirons pas que tous les Anglais en font autant.

Tacite et Suétone ont raconté des histoires monstrueuses sur les débauches de certains empereurs romains. Voltaire se demande si toutes les extravagances atroces imputées à Tibère, à Caligula, à Néron, sont bien vraies. « Croirai-je, dit-il (1), sur le rapport d'un seul homme, qui vivait longtemps après Tibère, que cet empereur, presque octogénaire, qui avait toujours eu des mœurs délicates jusqu'à l'austérité, ne s'occupa dans l'île de Caprée que de débauches qui auraient fait rougir un jeune giton? Suis-je bien sûr qu'il changea le trône du monde en un lieu de prostitution tel, qu'on n'en a jamais vu chez les jeunes gens les plus dissolus? Est-il bien certain qu'il nageait dans ses rivières, suivi de petits enfants à la mamelle, qui savaient déjà nager aussi, qui le mordaient aux fesses, quoiqu'ils n'eussent pas encore de dents, et qui lui léchaient ses vieilles et dégoûtantes parties honteuses?... Ces turpitudes abominables ne sont guère dans la nature... »

Un certain nombre des histoires rapportées par *la Pall Mall Gazette* nous semblent devoir provoquer quelque doute, comme les légendes de Suétone et de Tacite. En tout cas, je ne ferai pas

(1) *Le Pyrrhonisme de l'histoire.*

comme le Dr Routh. Je ne conclurai pas de quelques-uns à tous; je ne dirai pas que tous les Anglais ne trouvent pas de meilleur emploi à faire de leur temps et de leur argent que d'acheter de petites filles plus ou moins stupides, plus ou moins jolies, pour les déflorer. Non. Ils prouvent tous les jours qu'ils emploient leur temps et leur force à quelques autres petites choses qui jouent un certain rôle dans le monde.

Mais ils sont hommes ! et ils ne peuvent le nier. Mais il y a, d'un côté, des hommes qui ont des appétits sexuels et de l'argent ; de l'autre, des femmes qui veulent en gagner, des jeunes filles qui ne trouvent pas que leur virginité vaille plus de quelques livres. On aura beau multiplier les clauses du *Criminal law amendment*, et aller jusqu'au chat à neuf queues, on n'empêchera pas ces échanges entre des besoins différents, qui veulent également se satisfaire.

Quand on empêche le libre-échange régulier, on crée le contrebandier. La patrie d'Adam Smith et de Cobden devrait le savoir; mais, comme le disait M. Hopwood au Parlement, quand il est question des rapports sexuels, de la prostitution, on n'envisage pas la question avec toutes ses conséquences : on évite de l'examiner.

Quand Rome était gouvernée par le pape, il y avait une école de médecine ; mais, pour concilier la pudeur avec les nécessités de l'art, on apprenait aux jeunes gens à accoucher d'après un mannequin. Ils étaient ainsi préservés de la tentation.

En Angleterre, au Parlement, en France, partout, on suit un système analogue, quand il est question de l'examen des rapports sexuels.

VII

Les Contagious diseases Acts et le Criminal Law Amendment

En France, j'ai lu, même dans des journaux sérieux, au moment de la publication des révélations de *la Pall Mall Gazette :*

— Vous voyez! voilà l'effet de la suppression des *Contagious diseases Acts.*

Ces journaux croyaient que le *Criminal Law Amendment* était une forme du rétablissement des *Contagious diseases Acts.*

Ils se trompaient.

Voici exactement la situation (1) :

(1) V. Yves Guyot : *La Prostitution.*

Les *Contagious diseases Acts*, institués en 1864, renforcés en 1866 et 1869, avaient pour but de soumettre à des visites périodiques les filles se livrant à la prostitution, dans quatorze villes ou stations militaires ou navales du Territoire Britannique.

Les *bills* qui les établissaient avaient passé inaperçus. En 1869, deux médecins de Nottingham, le Dr Charles Bell Taylor et le Dr Worth soulevèrent la question devant le *Congrès des sciences sociales* de Bristol et firent adopter une motion ainsi conçue :

« Le Congrès : « Regrette la politique secrète qui a caractérisé cette infâme mesure dans toutes ses phases, et déclare que leur extension serait la plus grande malédiction qui pût tomber sur le peuple anglais. »

Le même soir, *la National Association* pour le rappel des *Contagious diseases Acts* fut constituée. Depuis ce moment, elle n'a pas cessé de poursuivre son œuvre.

Elle finit par provoquer la nomination d'une commission d'enquête, dont j'ai analysé les travaux dans mon livre sur *la Prostitution*.

Au mois d'août 1882, cette commission déposa deux rapports :

L'un, celui de la majorité composée de neuf membres; l'autre, celui de la minorité composée de six membres. Celui de la majorité demandait le maintien des *Acts* dans les stations où ils sont établis; mais, par une singulière contradiction, ne demandait pas leur extension, reconnaissant que l'opinion publique y était contraire et constatant qu'il fallait tenir compte de cette opposition.

Celui de la minorité prouvait, avec chiffres à l'appui, l'insuccès des *Acts* sous tous les rapports.

La discussion à la Chambre des communes eut lieu le 20 avril 1883, sur une motion de M. Stansfeld ainsi conçue : « La Chambre désapprouve la visite imposée aux femmes par les *Contagious diseases Acts*.

Après un magnifique discours de M. Stansfeld et un débat auquel prirent part M. Osborne Morgan, le colonel Stanley, M. Thorold Rogers, M. Cavendish Benting, le marquis de Hartington, sir Stafford Northcote, M. Whitbread, M. Gorst, M. Childers, la motion de M. Stansfeld fut adoptée par 182 voix contre 110, soit par une majorité de 72 voix. Il n'est pas inutile d'indiquer que, pour, on comptait 168 libéraux et 16 conservateurs; contre, 83 conservateurs et 16 libéraux. Ce vote n'implique pas encore la suppression complète; mais sans la visite obligatoire, les *Contagious diseases Acts* n'ont plus de raison d'être.

Immédiatement le gouvernement anglais supprima la visite obligatoire : seulement il prit la décision suivante : Une femme peut librement aller se faire visiter dans certains hôpitaux spéciaux : si elle est reconnue malade, elle y est admise et retenue conformément aux dispositions des *Contagious diseases Acts.*

Il n'était pas difficile de prévoir le résultat certain de cette chinoiserie. La peur de la détention éloigne de l'hôpital toutes les femmes qui auraient besoin de se faire soigner.

Les abolitionnistes ont continué leur œuvre.

M. James Stansfeld, le leader parlementaire de cette question, avait obtenu la fixation à l'ordre du jour du 14 juillet dernier de la discussion du rappel complet des *Contagious diseases Acts.*

Le gouvernement, par l'organe de M. Hicks-Bech, chancelier de l'Echiquier, lui demanda de renoncer à cette discussion, lui disant que la législature avait trop peu de temps devant elle pour qu'elle pût mener à bien cette réforme. Le gouvernement, du reste, s'engageait à ne pas revenir sur la décision prise par le cabinet précédent. Les choses resteraient donc en l'état.

« Sous certains rapports, a dit M. Stansfeld, suspendre l'application des *Acts* est, de la part du gouvernement, une mesure plus énergique qu'une proposition de rappel. » En attendant, une somme de 12,160 livres (304.000 fr.) reste inscrite au budget pour ce service.

Entre la campagne de *la Pall Mall Gazette* et les *Contagious diseases Acts*, il n'y a aucun rapport.

Il y en a un, cependant, entre le *Criminal Amendment Law* et les *Contagious diseases Acts*.

Je considère qu'il serait une forme pire.

Les *Contagious diseases Acts* avaient un but : diminuer les maladies vénériennes, en créant une classe de femmes, soumise à des règlements particuliers et destinée à offrir la garantie de l'État à leurs consommateurs.

Forcément, ils aboutissaient à faire une classe de parias et d'esclaves : mais tel n'était pas leur objet. Ils ne voulaient pas châtrer les marins et les soldats. Ils considéraient, sans doute, les femmes destinées à leur servir, comme des êtres inférieurs : mais ils n'en demandaient pas la suppression.

Le *Criminal Law amendment* veut, au contraire, faire œuvre de pureté, et proscrire tous les rapports sexuels, en dehors du sacrement.

Il livre toutes les femmes et tous les hommes, qui se promènent sur la voie publique, à l'arbitraire de la police.

Il veut supprimer enfin toutes les maisons ayant pour locataires des femmes seules.

Il augmente le pouvoir de la police, exactement comme les *Contagious diseases Acts*.

Mais ceux-ci ne s'occupaient que de la santé des femmes, et surtout de celle de leurs clients :

l'autre ne s'occupe que de la suppression des uns et des autres.

Au lieu d'être un pas en avant, il serait un pas en arrière.

Qu'y gagnerait la moralité?

Examinons.

Suppression du racolage sur la voie publique, soit. Il n'y aura plus ni hommes ni femmes à se rencontrer et se promener à certaines heures dans certaines parties de la voie publique. Le soir, Piccadilly et le Strand seront aussi vides que le dimanche matin. Ce sera gai.

Mais passons. Les *religious persons* considèrent que l'ennui est, de toutes les choses désirables, la plus désirable. Comme elles ne veulent ou ne savent pas rire, elles entendent que les autres ne rient pas davantage. Elles devraient prendre pour symbole : l'éteignoir, car il représente leur idéal.

Le résultat est obtenu. Est-ce que la morale y aura gagné quelque chose?

Beaucoup d'Anglais connaissent Naples. C'est une ville très décente, Naples. Elle n'a point l'aspect de Piccadilly, ni du Strand, ni des boulevards de Paris.

On ne voit pas une femme y errer le soir.

Seulement, quelques bons bourgeois se promènent gravement. Puis, de temps en temps, ils s'approchent de vous.

Ce bon bourgeois est signor Amoroso ou signor Mercurio ; il vous expose son étalage. Il vous donne les prix, les catégories ; il vous énumère les qualités et les talents divers. — Voulez-vous des jeunes filles? Voulez-vous des tableaux vivants? Voulez-vous un *bambino?* Il vous donne les prix ; vous détaille les avantages. Rien de plus commode. A un signe d'acquiescement, il vous emmène dans d'honnêtes familles. Le père vient vous ouvrir la porte. La mère l'envoie chercher les jeunes filles, si elles sont chez une voisine. Le père reste discrètement dans l'antichambre, tandis que, dans un modeste salon, la mère avec Amoroso discute les conditions, tout en montrant des bibelots et en faisant les honneurs de chez elle en bonne bourgeoise. Les jeunes filles, toutes fraîches, toutes jeunes, souriantes vous sont présentées.

— Quelle est la position sociale du père? demandez-vous à Amoroso.

— Le père? C'est un homme très honorable, il est employé à la municipalité, répond Amoroso. Je pourrais vous conduire dans 500 maisons comme celle-ci !

Chassez la femme de la voie publique, vous la donnez à Amoroso ; vous constituez un privilège à ce personnage ; vous le multipliez et vous lui livrez la femme. Qu'est-ce que la morale y a gagné?

Irez-vous jusqu'à interdire à deux hommes

de se parler sur la voie publique? Ils vont au café, au bar. Fermerez-vous les cafés et les bars? Soit : vous en arrivez à la plus odieuse des tyrannies.

Je suppose que vous soyez arrivés à ce résultat qu'il soit complètement impossible à une femme et à un homme de se voir en dehors des formes légales.

La moralité y a-t-elle gagné quelque chose?

Oui, peut-être, en apparence. Vous vous êtes contenté de la propreté de la rue; mais savez-vous ce qui se passe dans les cerveaux? Si cette compression extérieure y entasse toutes sortes d'appétits comprimés, si ces appétits y fermentent, si de cette fermentation naît une obsession continue de toutes sortes de dépravations et d'horreurs, avez-vous accompli œuvre utile? Voyez ces procès de frères ignorantins qui éclatent de temps en temps en France. Ils avaient fait vœu de chasteté. Ils ne se sont point abandonnés à des femmes. Ils ont fait pis : ils ont pris des petits garçons; et il faut bien avouer que les révélations de *la Pall Mall Gazette* sont peu de chose à côté des révélations que nous apportent périodiquement les procès de Cour d'assises. M. de Germiny était un pieux élève des jésuites.

Le dernier titre du *Criminal Amendment Law* a pour but la suppression des *brothels*.

A ce sujet, je reproduis la conversation que j'ai eue avec un membre de la *Purity society*.

— Vous voulez supprimer les hôtels garnis où il y a des femmes ?

— Oui.

— Nous avons en France une ordonnance de 1778 qui a le même but et que la préfecture de police a la prétention d'appliquer. Mais alors toute ouvrière, toute jeune fille, qui n'a pas le moyen d'avoir des meubles, est condamnée à coucher sur la rue. Elle n'y gagnera rien à coup sûr, et votre morale y gagnera-t-elle quelque chose ?

— Je parle des femmes perdues.

— La distinction n'est pas toujours facile et laisse une large porte ouverte à l'arbitraire. Mais soit : alors vous voulez que les « femmes perdues » n'aient pas de domicile ?

— Non, mais qu'elles ne demeurent pas plusieurs ensemble dans les mêmes maisons.

— A Paris aussi, la police veut que deux femmes en carte ne puissent pas demeurer dans la même maison. Seulement, elle s'accomode avec les propriétaires et les filles qui savent s'arranger avec elle. Mais admettons la stricte exécution de votre législation : vous voulez empêcher ces femmes qui exercent un métier commun de vivre, dans les mêmes maisons. Vous voulez les éparpiller entre les autres. En voulez-vous une pour voisine? Voulez-vous donner l'hospitalité à l'une d'elles ?

Le membre de la *Purity society* me regarda avec effarement.

— Alors, si vous ne voulez pas de telles voisines, laissez-les se réunir ensemble, vivre ensemble. C'est là une affinité toute commerciale. Les gens qui font des opérations de même genre se réunissent sur les mêmes points. *Lombard street* pour les gens d'argent ; le *Quadrant*, le soir pour les filles des rues et des maisons spéciales ; c'est la division des localités, correspondant à la division des besoins. Si vous ne faites pas d'affaires de banque et de bourse, vous fuyez de 9 heures à 5 heures la cohue de *Lombard street*. Si vous êtes un personnage grave et chaste, vous évitez le soir *Regent circus*. Ceux qui vont dans l'un de ces deux endroits savent ce qui les attend.

— Ce n'est pas la même chose !

— Au point de vue moral? *Lombard street* ne fait-il pas encore plus de victimes que *Regent circus?* La Bourse n'est-elle pas autrement terrible que la plus vorace des filles? Les procédés sont-ils plus délicats? Mais revenons au point de départ. Vous voulez la suppression des hôtels garnis où vivent des filles ; vous ne voulez pas d'un autre côté de ces filles dans vos maisons. Où voulez-vous qu'elles logent ?

— Nulle part. Elles doivent disparaître.

— Nous en revenons au système de Saint Louis. Il n'est pas neuf, mais il n'a jamais servi qu'à la *bribery* (la corruption) de la police.

— Il n'y a pas que la police.

— Soit. A qui allez-vous confier la garde de la moralité ?

Au gouvernement ? Mais Mme Jeffries avait pour clients, du moins, l'a-t-on dit, le membre du gouvernement à qui incombait la sauvegarde de la morale ?

Au clergé ? Mais Mme Jeffries avait pour clients des évêques.

A la police? L'agent Minahan est obligé de donner sa démission parce qu'il a la stupidité de ne pas faire comme ses collègues. *La Pall Mall Gazette* avoue elle-même que la plupart des agents de police sont habitués à recevoir de l'argent des filles.

J'ai constaté plus d'une fois à Londres leurs bons rapports réciproques. A un de mes séjours, j'ai demeuré dans Leicester square. Le soir, j'ai vu des policemen jouer avec des filles, les filles leur donnant des coups de poing dans le dos et les policemen courant après elles et les embrassant, le tout au milieu d'éclats de rire.

A Hyde Park, le soir, le long de l'allée où deux heures auparavant galopaient les petites misses, il y a des femmes assises sur les bancs ou rôdant.

Quelques-unes sont complètement nues sous leur waterproof qu'elles entr'ouvrent à l'approche d'un client possible. Des groupes sont installés sur les bancs, absolument comme s'ils étaient protégés par les rideaux et les murs les plus épais.

Si, aux offres discrètes, du reste, d'une de ces femmes, vous faites cette objection :

— Mais, et le policeman ?

— Oh ! le policeman, avec un shelling, il sera enchanté !

— Soit : les empiètements de la police dans le domaine de la morale ne servent qu'à la démoraliser; mais dans la paroisse, dans le quartier, on pourrait faire des comités de citoyens, chargés de surveiller la police.

— Et qui surveillera ces citoyens? Si les prostituées trouvent de quoi vivre, c'est apparemment parce qu'elles ont des clients. Quels sont ces clients? Ils se rencontrent parmi les citoyens que vous voulez charger de faire la police.

Vous protégerez la police, peut-être; mais vous dépraverez ces braves citoyens. Dans leur mission, ils trouveront bien des tentations! Sauront-ils y résister? N'auront-ils point une tendance à se montrer galants envers les unes, féroces envers les autres? Ne devront-ils pas se surveiller réciproquement? Jolies mœurs, qui rappelleront la tyrannie de Venise.

Enfin le *Criminal Law Amendment* s'applique aux hommes comme aux femmes, tout en donnant quelques garanties de plus aux premiers. Il n'en veut pas moins supprimer le « monsieur qui suit les femmes. »

Est-il bien sûr de l'impartialité complète des bourgeois qui se chargeraient d'appliquer cette loi de police? Ne fournirait-elle pas de belles occasions pour se débarrasser d'un adversaire ou d'un concurrent? Le citoyen, qui aurait arrêté la veille, ne serait-il point exposé à être arrêté le lendemain pour le même délit?

Admettez que l'*Amendment Criminal Law* fonctionne, malgré toutes ces impossibités. Peu à peu, il finit par mettre en prison toutes les femmes. Bien. En prison, s'inquiète-t-on si elles sont malades? Oui. Alors vous reviendrez à la visite obligatoire? On retombe dans les *Contagious diseases Acts?*

Puis vous mettez ces femmes en prison. Pour combien de temps? Vous les rejetez sur la voie publique. Alors vous arriverez au système de la police des mœurs de Paris, qui a toujours à peu près 500 femmes à Saint-Lazare. C'est un tant pour cent. Une fois qu'elles sont mises dehors, elles sont remplacées par d'autres. Le stock disponible reste toujours également le même, en rapport avec les besoins de la consommation. La police, en emprisonnant ces victimes, à quantités fixes, fait œuvre aussi utile que Sisyphe ou les Danaïdes, de mythologique mémoire. Mais elle n'y renoncera pas. C'est sa raison d'être.

Le *Criminal Law Amendment* serait, dans la plus grande partie de ses dispositions, un retour aux anciennes pratiques employées contre la prostitution, avec un insuccès permanent. M. Samuel Smith a proposé le fouet. Un autre demanderait que les proxénètes fussent promenées nues sur un âne, fouettées à chaque carrefour, marquées au fer rouge. Le pécheur aurait son tour. L'Armée du Salut établirait une bonne petite inquisition, pas beaucoup moins féroce que celle de saint Dominique.

Les fanatiques protestants sont aussi dangereux que les fanatiques catholiques (1). Les « hommes pieux » de la *Purity Society* voudraient soumettre les autres au traitement que s'infligea Origène : au moins, lui, il opéra sur lui-même. Ils rêvent pour chaque femme une ceinture dans le genre de celle qu'on voit au musée de Cluny. Le *Criminal Law Amendment* est le cadenas.

Si l'émotion soulevée par la campagne de *la Pall Mall Gazette* fait adopter ce bill, ce journal

(1) Voy. Buckle, *Hist. de la civil. en Angleterre.*

libéral pourra se vanter d'avoir doté sa patrie d'une des lois les plus tyranniques qui se soient jamais abattues sur l'Angleterre.

J'ai le regret de constater que si parmi les adversaires des *Contagious Diseases Acts*, le *Criminal Law Amendment* a trouvé des adversaires énergiques et éloquents, comme M. Hopwood, il a trouvé des adhérents.

Ma surprise a été grande. Quoi! les *Contagious Diseases Acts* ont été établis par surprise. Depuis quinze ans, ils sont combattus sans cesse, ils sont attaqués avec la plus grande vigueur : ils ont subi l'épreuve d'une enquête qui les a condamnés; ils ont prouvé leur impuissance, sinon pour faire le mal, et cependant la Chambre des communes n'a pas su les abroger complètement; elle les a désapprouvés, et le gouvernement les laisse existant sur le papier, inscrit encore au budget des crédits à leur actif, veut bien seulement en suspendre l'application partielle.

Et comment, des hommes, des femmes, qui ont poursuivi cette lutte, qui savent tout ce qu'elle a coûté d'efforts, de travail, de sacrifices de temps, d'argent, — parce qu'ils se trouvent en présence d'une émotion, plus ou moins légitime, — ils abandonnent les principes de liberté, au nom desquels ils avaient combattu; ils ne pensent plus qu'à la pureté, à la chasteté, et ils réclament la substitution, aux lois dont ils réclamaient l'abrogation, d'une loi pire!

Ils savent cependant par leur propre expérience, par leurs luttes, que les arrangements d'autorité sont aussi difficiles à démolir que faciles à établir. De toutes les réformes, les plus ardues à poursuivre sont celles qui consistent à abolir des organisations si mauvaises qu'elles soient! L'histoire sociale ne nous l'a-t-elle pas appris? Est-ce que tout le grand flot d'humanité du XVIIIe siècle n'a pas dû passer et repasser sur la France, avant d'arriver à l'abolition de la torture? En dépit de la voix de Victor Hugo, nous conservons cette horreur qui s'appelle la peine de mort. L'instruction secrète, blâmée par tout le monde, n'est pas encore supprimée. Personne n'oserait prendre la défense de l'organisation de la préfecture de police : elle continue de subsister, malgré la réprobation universelle qu'elle soulève. Qu'on se rappelle toutes les difficultés qu'a rencontrées l'établissement de la liberté de la presse, encore un peu trop limitée. Les articles 291 et 292 du Code pénal, qui prohibent toute association de plus de vingt personnes, sont si peu abrogés qu'un préfet d'un département du Nord le rappelait dernièrement. Voyez avec quelle difficulté on est arrivé à inscrire ce mot Divorce, dans la loi.

Je pourrais parcourir indéfiniment l'énumération. Elle serait encore plus longue en Angleterre, où les lois ne s'abrogent guère que par désuétude.

Tous ces faits démontrent la nécessité de ne pas se laisser aller à des entraînements pour inscrire de nouvelles dispositions répressives dans la législation? Elles coûtent peu de chose à ceux qui les proposent et les adoptent; très cher à ceux à qui elles s'appliquent; et quelquefois, il y a de singuliers retours de fortune. — Tu diriges cette mesure contre ton voisin, aujourd'hui. Sais-tu, si par un choc en retour, tu n'en seras pas frappé demain?

Comment elles poussent? Un hasard, un souffle d'opinion, provoqué par un accident, un geste de semeur de rencontre| en a jeté le germe; ce germe, sous toutes sortes de souffles ardents, se développe spontanément, grandit, et devient inextirpable. C'est un mancenillier qui a pris racine; il a étendu ses branches et son feuillage toxique sur l'État social; et si quelqu'un, essayant d'échapper à sa pernicieuse influence, essaye d'ébranler, de déraciner, d'arracher cet arbre funeste, tous ceux qu'il a empoisonnés se lèvent, protestent contre l'audacieux et s'écrient :

— N'y touchez pas! vous ébranlez l'édifice social! Si vous l'abattez, nous resterons sans abri et sans asile.

— Mais il vous empoisonne?

— Nous y sommes habitués!

TROISIÈME PARTIE

LES MINEURES, LA LOI ET LA POLICE DES MŒURS

I

L'ancien droit et les attentats aux mœurs

En lisant Horace, Catulle, Properce, Pétrone, Juvénal, Suétone et quelques autres écrivains, en voyant les peintures de Pompéï, les dessins des vases étrusques et les sculptures du musée de Naples, on ne se douterait pas que les Romains fussent un peuple extrêmement pudique et chaste.

Il en est autrement, si l'on interroge le *Digeste* et les jurisconsultes romains.

La loi romaine tolérait les rapports sexuels de l'homme avec des filles notoirement livrées à la prostitution. Autrement, elle frappait de la confiscation de la moitié des biens, de la relégation dans une île ou de l'exil, l'imprudent qui avait eu un commerce avec une fille ou une femme, sage jusqu'à ce moment. La sodomie était punie de mort. Théodose et Valentinien frappèrent le proxénétisme de l'exil, puis du travail des mines, avec confiscation des biens. Comme chacune de ces répressions démontrait tour à tour son impuissance, ils allèrent jusqu'à la mort ; et cependant, ces pénalités n'ont point donné à Byzance le renom de chasteté auxquelles elles auraient dû la faire atteindre, si les mœurs n'avaient pas eu plus d'influence que les lois.

La France hérita de toutes ces pénalités. J'ai rapporté ailleurs les mesures prises contre les prostituées (1). Pour les autres attentats aux mœurs, l'Ancien Droit employait les procédés brutaux qui lui étaient habituels. « Celui qui forcera femme ou fille sera pendu et étranglé », dit une ordonnance de Henri II (1557). La déclaration du 26 novembre 1639 punit celui qui a « séduit ou suborné par artifices, intrigues, ou menaces soit fils, filles, veuves, mineurs de 25 ans » pour arriver au mariage sans le consentement.

La loi s'est toujours acharnée à frapper l'instrument de débauche. Cependant le proxénète est à la débauche ce que la bielle est à une machine à vapeur. Elle va et vient, elle s'agite, elle paraît

(1) Yves Guyot, *La Prostitution.*

tout faire; elle n'est qu'un organe de transmission. La force réelle est la vapeur. Supprimez la vapeur, la bielle tombe dans l'inertie, se rouille, ne bouge plus. Dans le commerce sexuel, supprimez le consommateur, le proxénète disparaît.

La législation réservait toute sa sévérité pour cet agent secondaire. Rien d'assez sévère contre lui : fouet, pilori, marque, bannissement. A Paris, on coiffait la proxénète d'un chapeau de paille, on lui attachait un écriteau sur la poitrine ou sur le dos, on la juchait sur un âne, la figure tournée du côté de la queue, et on lui faisait faire des stations douloureuse aux carrefours et devant la porte des églises. A Toulouse, on la plongeait trois fois dans la rivière. On variait ainsi les supplices des proxénètes et les joies du populaire.

La conception à laquelle appartiennent ces pénalités, comme les règlements et les lois concernant les prostituées, reste. Les hommes qui font la loi, frappent les récepteurs ou les agents des appétits masculins. Quant à ces appétits, par expérience, ils en connaissent trop bien la force pour les condamner.

De là, cette inconséquence, le respect du moteur; le mépris et la haine contre l'agent et le récepteur.

La Révolution cependant, mit, dans les lois

relatives à cette question, un peu de cette humanité qu'elle porta partout. Elle émonda le vieux fouillis de la pénalité. Elle en supprima la part de gaieté, de joie, de réjouissance qu'elle donnait à la population, — le *circenses* —; singulière manière de moraliser les gens que de leur apprendre à s'amuser des souffrances et des humiliations des autres! L'œuvre ne fut pas assez complète. Elle ne l'est pas encore. La peine de mort n'est-elle pas un spectacle?

Mais la Révolution retrancha l'âne, le chapeau de paille, l'écriteau, la promenade. Elle supprima les ordonnance des lieutenants de police à l'égard des prostituées.

En cette matière, les lois criminelles de 1791 eurent pour but de protéger les filles contre la violence des appétits masculins.

Ces appétits existent : à moins d'employer le couteau d'Origène, on ne les supprimera pas. La faim existe aussi. Qui pense donc à la supprimer? Mais la faim ne justifie pas plus le vol que le prurit n'excuse le viol.

Séduis, charme, paye la femme, comme tu payes le boulanger, la loi n'a rien à y voir.

Ne brise pas le carreau du boulanger, ne viole pas la femme.

La petite gardait la boutique; tu as abusé de sa confiance ou de sa timidité pour prendre le pain.

Tu l'as séduite, c'est la même chose. Tu as abusé d'une faiblesse inconsciente, tu es coupable.

Les lois de 1791 frappèrent : l'attentat public aux mœurs, la corruption de la jeunesse et le viol.

Le code de 1810, la loi de 1832 et la loi de 1863 ont aggravé cette législation en frappant : l'outrage public à la pudeur, l'excitation à la débauche de la jeunesse, l'attentat à la pudeur commis sans violence sur les enfants de moins de treize ans, l'attentat à la pudeur consommé ou tenté avec violence, le viol.

Nous ne parlons pas ici de l'adultère et de la bigamie.

II

Outrage public à la pudeur

Art. 330. — Toute personne qui aura commis un outrage public à la pudeur sera punie d'un emprisonnement de trois mois à deux ans et d'une amende de deux cents francs.

La loi n'a pas défini l'outrage à la pudeur.

La publicité est un caractère essentiel de ce délit. Tout lieu public implique publicité. L'individu s'est caché dans un jardin public, dans un bois, dans les récoltes sur pied. Il a fallu l'épier pour le découvrir et le surprendre. L'affaire Germiny est un cas de ce genre. Évidemment, ce sont les agents et non lui qui ont fait la publicité. Il n'en a pas moins été reconnu coupable, selon une jurisprudence constante.

Des gens, dans leur domicile, s'ils peuvent être vus du dehors, sont coupables d'outrage public à la pudeur.

M. Delapalme avait prétendu que le racolage sur la voie publique, l'appel d'une fille constituait un outrage public à la pudeur. Tous les auteurs, entre autres Chauveau Adolphe, Faustin Hélie, Dalloz, déclarent qu'il faut un acte et non de simples paroles. Il faudrait que la femme se livrât à des attouchements ou « tentât d'entraîner sa victime. »

M. Delapalme s'appuyait, pour justifier cette interprétation, sur la fameuse ordonnance de 1778 contre les filles, qui reste la charte de la police des mœurs et qu'on essaye d'exhumer de temps en temps. Mais, comme le fait remarquer Dalloz (1), elle est abrogée. Elle défend aux filles de racoler « sous peine d'être rasées et enfermées à l'hôpital ;

(1) *Attentats aux mœurs*, § 22.

et, en cas de récidive, de punition corporelle. » Allez-vous appliquer ces pénalités caduques non prévues par le code? Direz-vous qu'elles sont toujours en vigueur?

Enfin, le rapport du 17 nivôse an 4 au Directoire le dit nettement : « Les lois répressives contre les filles publiques consistent dans quelques ordonnances tombées en désuétude. »

L'article 330 n'est donc pas applicable au racolage.

III

Attentat à la pudeur

Art. 331. — Tout attentat à la pudeur consommé ou tenté sans violence sur la personne d'un enfant de l'un ou l'autre sexe, âgé de moins de treize ans, sera puni de la réclusion.

Sera puni de la même peine l'attentat à la pudeur commis par tout ascendant sur la personne d'un mineur, même âgé de plus de treize ans, mais non émancipé par mariage.

La loi romaine était féroce. L'attentat sur les enfants, jusqu'à l'âge de sept ans, impliquait toujours violence, et, d'après Bossius, devait toujours être puni de mort. De sept à douze ans, la violence pouvait être contestée. Monochius, dans les deux cas, s'en rapportait à l'arbitrage du juge.

La loi romaine frappait de la confiscation de la moitié des biens, de la relégation ou de l'exil, l'attentat, même sans violence, à l'égard de jeunes filles nubiles.

Les lois de 1791 et le code de 1810 n'admettent l'attentat qu'avec violence. La loi de 1832 admit l'attentat à la pudeur sans violence sur l'enfant âgé de moins de onze ans. On proposa d'élever l'âge à quinze ans.

Cette proposition fut rejetée : on pensa que l'enfant, parvenu à l'âge de douze ans, comprend ce qu'on exige de lui et est capable de résister. La peine du viol est seulement plus grave s'il s'agit d'une jeune fille âgée de moins de quinze ans.

En 1863, on transigea et on fixa le même âge que la loi anglaise : treize ans.

A partir de cet âge, il faut qu'il y ait violence pour qu'il y ait crime ou délit. « L'attentat sans violence commis sur une personne âgée de plus de treize ans, n'est pas punissable quelle que soit l'immoralité de l'acte (1). »

(1) V. *Théorie du Code pénal*, Chauveau Adolphe et Faustin Hélie, 4e édit. t. IV, 261.

IV

Viol et attentat à la pudeur avec violence

Art. 332. — Quiconque aura commis le crime de viol sera puni des travaux forcés à temps.

Si le crime a été commis sur la personne d'un enfant au-dessous de l'âge de quinze ans accomplis, le coupable subira le maximum de la peine des travaux forcés à temps.

Quiconque aura commis un attentat à la pudeur, consommé ou tenté avec violence contre des individus de l'un ou de l'autre sexe, sera puni de la réclusion.

Si le crime a été commis sur la personne d'un enfant au-dessous de l'âge de quinze ans accomplis, le coupable subira la peine des travaux forcés à temps.

Art. 333. — Si les coupables sont les ascendants de la personne sur laquelle a été commis l'attentat, s'ils sont de la classe de ceux qui ont autorité sur elle, s'ils sont ses instituteurs ou ses serviteurs à gages, ou serviteurs à gages des personnes ci-dessus désignées, s'ils sont fonctionnaires ou ministres d'un culte, ou si le coupable, quoiqu'il soit, a été aidé dans son crime par une ou plusieurs personnes, la peine sera celle des travaux forcés à temps, dans le cas prévu par le paragraphe 1er de l'article 331, et des travaux forcés à perpétuité, dans les cas prévus par l'article précédent.

Par le mot «viol» il faut entendre une conjonction illicite par force et contre la volonté d'une personne. Pour qu'il y ait attentat à la pudeur, à l'égard de toute personne au-dessus de l'âge de treize ans, il faut qu'il y ait violence. Il faut qu'il y ait violence, à moins que l'acte ne soit commis par un ascendant sur un mineur, non émancipé par mariage (art. 331). Si la victime est âgée de moins de quinze ans, la pénalité est aggravée.

La violence n'est pas une circonstance aggravante, mais est une circonstance constitutive du crime.

Si le coupable a été aidé dans son crime par une ou plusieurs personnes, il y a ajouté une circonstance aggravante. Ce serait le cas de l'Anglais qui faisait tenir la petite fille par Mesdames X... et Z....

Un mari peut être coupable d'attentat à la pudeur avec violence sur sa femme. Il a le droit de la violer pour les rapports naturels; mais si, pour des rapports d'une autre nature, il se livre à la violence, il tombe sous le coup de l'article 332. Cette jurisprudence donne souvent lieu à d'étranges abus. Je me rappelle que, devant la cour d'assises de Rennes, vers 1860, mon père plaidait pour un malheureux paysan accusé par sa femme et par sa belle-mère de ce genre d'attentats. Il n'y avait aucune preuve matérielle. Contre lui, il n'y avait d'autres preuves que les assertions de ces deux mégères qui paraissaient très au courant de tous les raffinements du sadisme. Le malheureux mari n'en fut pas moins condamné à quatre ans de prison. Y aurait-il eu même des preuves matérielles, des lésions, qu'elles auraient dû inspirer de la méfiance. La femme me paraissait capable de se les faire faire par un autre, pour joindre à son agrément personnel le moyen de se débarrasser de son mari.

J'ai vu d'autres cas, où des individus ont été condamnés pour attentats à la pudeur avec violence. Ils n'avaient cependant commis que des plaisanteries brutales, fort en honneur, au moins à cette époque, dans les campagnes de la catholique et vertueuse Bretagne. Ces farces devenaient tout d'un coup des crimes devant le jury. Les accusés n'avaient fait que ce que faisaient leurs voisins. Ils avaient eu le malheur d'être dénoncés par jalousie, par haine politique, par rancune; et les jurés dont la plupart devaient se rappeler qu'ils avaient, dans leur passé, des histoires du même genre, devenaient tout d'un coup d'une effroyable vertu et condamnaient leurs compatriotes à la réclusion, sur des commérages de voisines et des racontars de petites paysannes, fort délurées pour la plupart, qui trouvaient intéressant de se poser en victimes.

Quand il n'y a pas réellement violence, ayant laissé des traces; quand il n'y a pas constatation évidente de l'abus de la force, le jury doit toujours acquitter. Autrement, il s'expose à commettre de monstrueuses erreurs, et pour venger de prétendues victimes, à en faire de véritables.

Les mots « attentat à la pudeur » auraient besoin de définition et de précision, même quand ils sont suivis du mot « avec violence ».

V

Excitation des mineurs á la débauche.

L'article 334 est ainsi conçu :

Quiconque aura attenté aux mœurs en excitant, favorisant ou facilitant habituellement la débauche ou la corruption de la jeunesse de l'un ou l'autre sexe au-dessous de vingt et un ans, sera puni d'un emprisonnement de six mois à deux ans.

Si la corruption a été excitée, favorisée ou facilitée par leurs père, mère, tuteur ou autres personnes, chargées de leur surveillance, la peine sera de deux ans à cinq ans d'emprisonnement et de trois cents francs à mille francs d'amende.

L'article 421 du Code pénal italien a des dispositions analogues.

L'article 379 du Code pénal belge de 1847 reproduit l'article 334 du Code civil français en y ajoutant la disposition suivante : « pour satisfaire les passions d'autrui ».

Le Code belge représente la tradition de la loi de 1791, qui n'avait voulu atteindre que le proxénétisme exercé à l'égard des mineures. Le message du 17 nivôse an IV, répète qu'il ne s'agit que du proxénétisme. M. Monseignat, le rapporteur du Code pénal de 1832, le déclare également.

Cependant, la jurisprudence varie, en France, de la manière la plus singulière.

On répète que le droit criminel est de droit étroit; mais quelquefois les magistrats, pour obéir à leurs préjugés ou à ceux du public, à leurs passions, pour combler ce qu'ils considèrent comme les insuffisances de la loi, lui donnent une singulière extension, sans doute pour compenser l'oubli qu'ils font souvent de certaines de ses dispositions.

Le mot « corruption » prête surtout à toutes sortes d'interprétations, et, grâce à lui, la Cour de cassation a pu frapper des gens qui n'étaient coupables que d'attentats à la pudeur sans violence sur des personnes âgées de plus de treize ans (1). Le Code ayant pris soin d'exempter ces gens dans un article, ce n'était peut-être pas dans le but qu'une jurisprudence passionnée torturât un autre article pour les reprendre.

Du reste, cela dépend des individus.

La magistrature condamne, de temps en temps, la dame Roudy, de la rue de Suresnes, la baronne de Strausach, de la rue Saint-Honoré; des instructions sont commencées contre des femmes, comme la dame Leroy, qui ne se sauva que grâce à la protection d'un haut personnage et que, parce que, paraît-il, elle trompait ses clients sur la qualité de la marchandise vendue, en faisant passer des majeures pour des mineures.

A l'égard des clients de ces dames, la magistrature ne saurait trop garder de ménagements : les proxénètes sont poursuivies; elles sont frappées d'un ou deux ans de prison; mais apparemment ces femmes ne tiennent pas leurs établissements uniquement par amour de l'art; et elles ne peuvent en tirer profit qu'en faisant payer ceux qui les fréquentent. Leurs clients habituels n'excitaient-ils donc pas habituellement à la débauche ou à la corruption les jeunes filles qui leur étaient livrées? Ne sont-ils pas complices? Dans la stricte réalité, ne sont-ils pas les principaux auteurs du délit?

(1) V. Chauveau et Faustin Hélie, t. IV, n° 1377, 1379.

Car, sans leur munificence et sans leurs appétits, nul n'aurait pensé à le commettre.

Eh bien ! ces complices du délit ne sont jamais poursuivis ; ils sont tenus à l'écart de la cause ; bien plus, ils ne sont pas même cités comme témoins ; le juge d'instruction, le ministère public, le président du tribunal, ont soin de les couvrir. Bien plus. Il peut y avoir, comme à Londres, des cas où la jeune fille est livrée par violence au « monsieur ». L'article 332, avec l'aggravation prévue par l'article 333, est applicable au principal auteur du délit. Le monsieur devrait passer en cour d'assises. Non. Tous les efforts des magistrats ont pour but de dissimuler le nom du « monsieur ».

Au mois d'avril 1880, on jugeait une femme qui tenait une maison de ce genre, à Orléans, dans l'aristocratique rue des Anglaises. J'emprunte au *Temps* (1) cet extrait du compte rendu des débats :

La petite Tareau était orpheline, sa mère adoptive l'avait élevée dans le spectacle de la débauche la plus éhontée pour la livrer, dès sa quinzième année, à d'opulents acheteurs.

Lorsque à l'audience, Mlle Fanny Tareau a abordé, dans sa déposition, ce chapitre de son autobiographie,

(1) Avril 1880.

le président l'a instamment priée de ne citer aucun nom, et comme Fanny persistait dans ses allusions aux *clients* dont on la contraignait, *même par la violence*, à satisfaire les caprices, le magistrat a immédiatement ordonné le huis clos et fait évacuer la salle.

Il s'écria dans son émoi :

« — Ne compromettez pas un honnête homme ! »

Mais si cet homme est honorable, pourquoi donc les proxénètes sont-ils des misérables, dignes de toutes les rigueurs des tribunaux et des sévérités de la loi? Nous savons que ces personnes honorables sont peut-être des magistrats, des généraux, — à coup sûr des gens riches, probablement bien pensants, défenseurs brevetés de la morale et de la religion; — les poursuivre, ce serait ébranler les fondements de la société.

Nous disons, nous, qu'on les ébranle d'une manière autrement grave en appliquant la loi avec cette partialité et cette inégalité; en donnant le privilège de l'impunité à celui qui provoque le délit, pour ne frapper que l'instrument; en épargnant le corrupteur, à cause de sa situation sociale qui devrait lui donner une moralité supérieure, pour écraser le misérable agent qui pourvoit à ses fantaisies.

Nous retrouvons là l'hypocrite manière, dont les autorités, magistrature et administration, comprennent la morale officielle; elles considèrent que, pour l'homme, l'usage de la prostitution est un droit : seulement, celle qui facilite l'exercice de ce droit ou s'y prête, est coupable. Puissante logique!

Le 30 octobre 1880, on jugeait à Lille un procès de proxénétisme. Une femme Collet, demeurant rue Voltaire, 9, fut condamnée à quinze mois de prison. Il fut constaté qu'elle livrait de gré ou de force, à des clients dont les noms circulaient tout bas, des jeunes filles de quinze et seize ans. L'une d'elles a désigné, comme un habitué, le maire d'une des grandes villes de l'arrondissement de Lille. La domestique, Maria Bonnel, orpheline, recueillie par la proxénète, avait été violée. Le parquet ne poursuivit pas l'auteur du viol, qui, d'après l'article 332, eût dû être condamné au bagne. C'est en vain que l'avocat demanda pourquoi on ne voyait pas comparaître devant la justice les clients, les véritables coupables; la justice ne répondit pas à cette question indiscrète. Selon son habitude, elle prit toutes les précautions possibles pour qu'ils restassent inconnus. Ils ont donc pu recommencer, en toute sécurité, leurs viols et leurs attentats à la pudeur sur des mineures chez quelque autre entremetteuse, aux risques et périls de celle-ci.

Le compte rendu d'un procès emprunté aux

journaux judiciaires du 24 août 1881 montre, très nettement, la manière dont les magistrats français comprennent l'application de l'article 334 :

La fille Marie-Madeleine Chaudez a déclaré que l'accouchement de sa mère avait marqué pour elle et pour sa sœur le commencement d'une vie de débauches ininterrompues. Peu de temps après la naissance de la jeune Emma, l'inculpée et ses filles avaient fait la rencontre du nommé Gorre, alors banquier, et l'avaient accueilli chez elles. Il n'avait pas tardé à devenir l'amant de la mère et bientôt après, il avait poursuivi la fille aînée de ses obsessions avec l'aveu et l'encouragement de la femme Chaudez. Mais ses propositions n'étaient point accueillies.

Enfin, un soir, après une soirée passée au théâtre et un souper chez Brébant, Gorre et un de ses amis nommé Alexandre auraient accompagné rue de Douai la femme Chaudez et ses filles. Celles-ci, qui partageaient le même lit, n'auraient pas tardé à s'endormir sous l'empire des libations trop copieuses du souper et la fille Marie-Madeleine aurait été éveillée par les efforts que faisait Gorre pour la posséder. Elle aurait pleuré, sa mère serait intervenue, elle aurait cédé enfin à cet homme, qui, à compter de ce jour, aurait eu fréquemment des rapports avec elle.

Elle ajoute qu'elle n'éprouvait pour lui que de la répulsion, mais que sa mère lui démontrait sans cesse qu'elle ne devait pas lui résister, parce que ses largesses étaient les seules ressources de la maison;

elle l'a vue à diverses reprises recevoir de l'argent des mains de Gorre.

Bientôt cependant Gorre se serait lassé de ses relations avec la fille aînée et aurait tourné ses regards vers la jeune Augustine. La mère s'en aperçut, mais elle déclara à Marie-Madeleine qu'il n'en serait pas de sa sœur comme d'elle-même, parce que Gorre n'avait point tenu toutes les promesses qu'il avait faites.

Celui-ci aurait alors cessé ses visites, qu'il aurait reprises quelques mois plus tard à la sollicitation de la femme Chaudez. La jeune Augustine, suivant les conseils de sa mère et pour retenir cet homme, se serait prêtée à ses caresses, sans lui permettre toutefois des entreprises plus graves.

Lassé de sa résistance, Gorre se retira. La fille Chaudez ajoute que d'autres hommes vinrent alors à la maison et elle leur fut livrée par sa mère. La jeune sœur, d'autre part, les caressait et se laissait caresser par eux; mais tout se bornait à des attouchements. Pour s'assurer que ces scènes de luxure n'excéderaient point les bornes qu'elle leur avait marquées, la mère se tenait dans une chambre voisine, dont la porte demeurait entr'ouverte, et tout se passait sous sa surveillance.

Si le client insistait trop pour avoir avec l'enfant des rapports complets, on le mettait en présence de la fille aînée, qui devait se livrer à lui. Chacun des visiteurs, en se retirant, versait de l'argent aux mains de la femme Chaudez.

Parmi ces individus, assez nombreux, la fille Chaudez a signalé particulièrement un sieur Carden, et un autre désigné seulement sous le surnom de Pouf, qui ont eu des rapports avec elle, mais qui, eux aussi, l'ont bientôt délaissée pour s'occuper de sa jeune sœur. Toutefois, ni l'un ni l'autre n'auraient été en état de verser à la femme Chaudez, la somme considérable qu'elle exigeait, pour vendre la virginité de sa plus jeune fille, et elle n'aurait autorisé de leur part que des familiarités obscènes.

Le 25 novembre 1879, la fille aînée, fatiguée de l'existence à laquelle sa mère la condamnait, s'enfuit pour aller vivre maritalement avec le sieur Mathieu. Elle affirme qu'à cette époque, sa sœur, bien qu'elle eût été mise en rapport avec un grand nombre d'hommes, était encore vierge.

La jeune Justine Chaudez a déposé des mêmes faits et sous quelques réserves, elle a confirmé le récit fait par sa sœur.

Elle a rectifié cependant les détails fournis par celle-ci sur la première nuit passée en compagnie de Gorre, affirmant qu'elle avait passé cette nuit avec sa mère, tandis que Gorre partageait le lit de sa sœur, qui se donnait librement et volontairement à lui sans qu'il eût besoin de recourir à aucune violence. Elle reconnaît que sa mère l'a mise personnellement en relation avec divers individus, en lui recommandant de ne pas se livrer complètement à eux, mais elle affirme que les familiarités lascives auxquelles elle s'est prêtée n'ont commencé qu'après l'accomplissement de sa treizième année, et qu'elle les a volontairement subies.

La femme Chaudez a dû reconnaître l'exactitude

des déclarations faites par ses filles, et avouer qu'elle avait encouragé leur débauche. Il est certain qu'elle en a tiré profit. Elle proteste seulement contre le prétendu attentat à la pudeur avec violence, dont sa fille aînée aurait été victime et affirme que sa fille cadette n'a point été souillée avant l'âge de treize ans.

La culpabilité de Gorre n'est pas légalement établie. La fille Marie-Madeleine Chaudez, en présence du récit concordant de sa mère et de sa sœur, n'a pas affirmé qu'elle eût été victime d'une violence caractérisée. La date précise de ses rapports avec la fille Justine n'est pas exactement fixée. La même remarque s'applique aux mêmes individus nommés dans la procédure. On ne saurait relever non plus la complicité d'excitation habituelle de mineures à la débauche; chacun d'eux n'ayant agi que pour la satisfaction de ses passions personnelles, et les faits d'ailleurs paraissant prescrits à l'égard de Gorre.

En ce qui concerne Gorre, les inculpations d'attentat à la pudeur et de complicité d'excitation habituelle de mineures à la débauche n'étant pas établies, une ordonnance de non-lieu a été rendue en sa faveur.

M. le président interroge la prévenue. — Une fois arrivée à Paris, après avoir quitté Moulins, vous avez fait la connaissance de M. Gorre, qui est devenu votre amant?

R. Oui, monsieur.

D. Mais bientôt un seul ne vous a plus suffi, et vous en avez eu successivement plusieurs autres?

R. Oh! monsieur...

D. Précisons les faits : vous avez rencontré un jour un banquier, M. Gorre, qui vous a abordée dans la rue. Il vous a demandé la permission de vous accompagner; vous y avez consenti; puis il vous a apporté des bonbons et des fleurs, que vous avez acceptés; depuis ce jour il est devenu votre amant?

R. Oh! monsieur, si c'est possible!

D. Un autre jour il vous a proposé un déjeuner à la maison Dorée; vous étiez avec vos deux filles; à un moment vous êtes sortie avec votre plus jeune fille, laissant ainsi l'aînée seule avec Gorre, qui a profité de votre absence pour se porter sur votre fille aînée à des actes inqualifiables.

R. Je ne me rappelle que d'une chose, c'est que j'avais recommandé à ma fille de ne pas se laisser faire la cour et défendu à M. Gorre de s'approcher d'elle.

D. C'est déjà inexplicable. Vous avouez que vous laissiez ainsi seule cette jeune fille avec un homme qui avait la plus détestable réputation. Mais ce n'est pas tout; vous êtes allée à la Porte-Saint-Martin voir jouer la *Reine Margot* avec Gorre et un de ses amis, puis on s'est rendu chez Brébant. Après le souper, où l'on avait fait de nombreuses libations de champagne, vos filles étaient étourdies.

M. le président arrive à la scène qui s'est passée chez la prévenue après le souper, chez elle, et dont sa fille aînée aurait été victime.

La prévenue. — Oh! monsieur, c'est faux, jamais je n'aurais permis cela.

D. Gorre vous a demandé de lui donner votre fille

aînée, en vous disant qu'elle ne manquerait de rien?

R. Non, monsieur, ma fille l'a demandé elle-même; elle n'avait aucune ressource, et depuis longtemps, elle désirait un amant pour subvenir à ses besoins.

D. Ce n'est pas tout; à un moment donné, Gorre vous a demandé les faveurs de votre fille cadette; mais vous la lui avez refusée parce qu'il n'avait pas, selon vous, tenu ses promesses?

R. Non, je ne l'ai pas fait; tout cela est faux (elle pleure abondamment et se tord les mains); c'est faux, vous dis-je, on me fait dire des choses que je n'ai pas faites, que je n'ai pas dites.

D. Votre fille le dira.

R. Si on les a poussées à le dire, je ne puis en être cause.

D. Nous le verrons bien; Gorre, irrité de votre refus, est parti; à lui a succédé Garden et puis Pouf et quantité d'autres que nous ne connaissons pas?

R. Oh! oh! c'est incroyable.

L'inculpée s'assied en versant des larmes abondantes.

On entend ensuite les témoins. Ce sont les deux filles de la prévenue. Toutes les deux ont une attitude embarrassée. Elles déposent, par monosyllabes, en atténuant autant qu'elles le peuvent, le côté véritablement odieux de la conduite de leur mère.

M. le président. — Le tribunal comprend tout ce qu'il y a de pénible dans la situation.

M. le substitut. — Je donnerai lecture de leurs dépositions.

M. le substitut Falcimaigne requiert contre l'inculpée le maximum de la peine portée par la loi. Il retrace les péripéties ignobles de la vie de cette femme ; il la montre « faisant de son salon une maison de tolérance, dont ses filles sont les prostituées et dont elle devient elle-même la proxénète ». Il la représente recevant chez elle le premier homme venu pour l'exploiter et pour arracher à la faiblesse de ses passions le prix d'orgies immondes, auxquelles étaient mêlées à la fois des personnes nombreuses dans le costume le plus indécent ; il entre enfin dans le détail des scènes indiquées par le réquisitoire.

Après avoir longuement délibéré, le tribunal condamne la femme Chaudez à quatre années d'emprisonnement, 300 francs d'amende et à la privation pendant dix années des fonctions de tutrice et de toute participation aux conseils de famille, ainsi que des droits et avantages accordés aux père et mère sur la personne et les biens de leurs enfants.

La femme Chaudez pleure abondamment au prononcé du jugement ; ses deux filles se précipitent dans le couloir par où elle doit sortir.

Cette femme était ignoble. D'accord. Mais il y a quelqu'un que je trouve encore plus ignoble : c'est le dénonciateur.

Cet homme avait commencé par profiter du métier de la mère, puis il s'était brouillé avec elle ; sa moralité, jusque-là muette, s'était révoltée alors. Il savait qu'impunément il pouvait faire condamner la mère, sans aucun péril pour lui.

Le substitut, M. Falcimaigne, n'a pas un mot contre lui; il n'a pas un reproche contre les gens qui fréquentaient le salon de cette femme et lui faisaient faire son métier.

Il a même eu un mot de condescendance pour eux. Il reproche à cette femme « d'arracher à la faiblesse de leurs passions le prix d'orgies immondes! »

Les pauvres gens! ils payaient! et elle leur faisait payer cher! Le substitut considère cette exigence pécuniaire comme une circonstance aggravante!

Les messieurs qui se livraient à ces ébats, qui avaient pris ces jeunes filles plus ou moins de leur plein gré, qui pouvaient tomber sous le coup de l'article 331 ou au moins sous le coup de l'article 332, sont épargnés.

En revanche, on trouve d'autres jugements où des filles qui se sont livrées à des actes, beaucoup moins visés par le Code pénal, ont été frappées (1).

Je ne cite que le dernier cas que j'aie relevé.

Une fille soumise, Rose Lebrun, avait eu des rapports avec des jeunes gens de quinze ou seize

(1) Voy. *Théorie du Code pénal.* Chauveau Adolphe et Faustin Hélie, t. IV, nos 1377, 1379.

ans. Elle a été condamnée, au mois de juillet 1884, à deux ans de prison (1).

Tandis que les magistrats se montrent si indulgents pour les hommes, au profit de qui ont travaillé les proxénètes, mais qui n'ont excité et corrompu la jeunesse que dans un but de satisfaction personnelle, ils se montrent implacables pour une femme contre qui on ne relevait pas des faits de proxénétisme, mais des faits de débauche pour sa satisfaction personnelle.

Son plaidoyer était facile cependant : — Comment ! quand il s'agit d'hommes riches, bien posés, non seulement vous ne les poursuivez pas, mais le président interdit même de les nommer tout haut; il s'écrie avec effroi, comme le président du tribunal d'Orléans : — « Ne compromettez pas l'honneur d'un honnête homme ! » Et celui-là était accusé d'avoir été jusqu'au viol ! Moi, vous m'avez dégradée, vous m'avez condamnée à n'avoir d'autre métier que la prostitution, et vous me frappez ! Qui de nous deux a cependant, en sa faveur, des circonstances atténuantes?

Les magistrats français ont donc deux jurisprudences, variables selon la qualité et le sexe de la personne.

La précision du texte belge vaut encore mieux que cet arbitraire.

(1) *Voltaire*, 22 juillet.

Cet article 334, sous prétexte d'empêcher la corruption des mineures, est un puissant instrument de corruption pour les majeurs.

Notre article 334 les protège jusqu'à l'âge de vingt et un ans, tandis que notre Code civil permet aux jeunes filles de se marier à l'âge de quinze ans et les jeunes gens à l'âge de dix-huit. Il y a donc une puberté civile et une puberté criminelle de niveaux différents.

La nature se moque de la loi. Les jeunes gens ne se trouvent point obligés par elle, et les jeunes filles qui veulent jeter leur bonnet par-dessus les moulins s'en inquiètent fort peu.

Qu'en résulte-t-il? C'est que l'article 334 n'est observé ni par les uns ni par les autres. Si vous demandiez l'état civil de chacune des jeunes filles qui fréquentent Bullier, et l'âge de bon nombre des futurs défenseurs de l'ordre, de la famille et des bonnes mœurs, vous en seriez convaincu. La police le sait, mais refuse de s'en apercevoir.

L'âge de 21 ans, que le *Criminal Law Amendment* reprend est excessif. Il rend impossible toute application stricte de la loi : je n'ai pas besoin d'insister.

Tout le monde sait qu'il n'y a pas de lois pires que les lois inapplicables. Au lieu d'être la règle, elles ne sont que l'expression du caprice et l'instrument de l'arbitraire.

La jurisprudence relative à cet article 334 est si élastique qu'elle peut permettre à la police toutes les fantaisies. Un arrêt de la Cour de cassation de 1854 déclare, dans l'affaire Lavaud, que le fait simplement de louer une chambre à une jeune mineure, est passible des pénalités qu'il entraîne.

Le comble, c'est que la jeune fille à qui l'appartement avait été loué, était inscrite à la police.

Ici nous arrivons à des faits autrement monstrueux que ceux révélés par *la Pall Mall Gazette.*

La police déclare que la prostitution se recrute parmi les mineures.

Peut-elle les supprimer? Elle répond qu'elle ne peut que les enrégimenter.

Seulement, en même temps qu'elle se reconnaît ce droit, l'article 334 reste applicable, à tous ceux qui logent, reçoivent, hébergent les jeunes filles jusqu'à 21 ans, à un jour près.

Si ces jeunes filles ne demeuraient pas quelque part, elle les ramasserait comme vagabondes. Il faut bien qu'elles vivent quelque part. Elle le sait et elle étend sa main sur elles et leur propriétaire.

Le propriétaire en profite pour augmenter le prix de son loyer. C'est la prime du risque de l'usurier, dans tous les pays où la loi a fixé un intérêt légal.

Avec l'article 334, pas une jeune fille mineure ne peut demeurer seule, non seulement en garni, mais même dans ses meubles. Qu'elle reçoive son père, un individu quelconque, la police peut dire que le propriétaire excite et encourage cette jeune fille à la débauche. Il a été constaté que le changement de personnes n'était pas un élément constitutif du délit : le délit peut être monandre.

En revanche, si la police est bien avec telle ou telle entremetteuse de maison de passe, elle lui tolère toutes les mineures possibles.

Le 25 juin 1881, à Marseille, s'ouvraient devant le tribunal correctionnel, les débats d'une grave affaire d'excitation de mineures à la débauche.

La proxénète était une femme Artaud, couturière, allée des Capucines, n° 55.

Parmi les habitués de sa maison, et les hôtes assidus des dîners fins qu'offrait à ses clients la femme Artaud, et où les sexes étaient adroitement et agréablement alternés, — figurait un vétérinaire, adjoint au maire. Il se rendait à ces agapes de la prostitution en la compagnie de M. Quintard, inspecteur des mœurs, qui prenait sa part des festins... et du reste.

Ledit Quintard, ayant été interrogé par le juge d'instruction, sur l'une des mineures « excitées à la débauche », répondit que cette jeune fille était inconnue à Marseille. Or, la veille, il avait eu des rapports avec elle, chez la femme Artaud !

Si, au contraire, pour un motif — qui ne peut jamais appartenir à un ordre très élevé, — la police des mœurs est mal avec une de ces entrepreneuses, elle lui enverra au besoin une mineure, pour prétexter une descente, un procès, une condamnation qui, en inspirant une salutaire terreur aux autres, les rendra d'autant plus aimables et faciles à l'égard de cet honorable corps.

VI

L'article 334 et la police des mœurs

La police des mœurs profite de chaque occasion pour essayer de se défendre. Elle a toute une clientèle de reporters qui, en échange des services qu'elle peut leur rendre, glissent dans certains journaux son apologie. Elle n'a pas manqué de profiter des révélations de *la Pall Mall Gazette* pour faire dire :

— Ce n'est pas à Paris, ce n'est pas en France que se passent des faits semblables. Grâce à qui? à la police des mœurs.

En effet, ce n'est pas semblable : la police des mœurs fait pis.

Elle se fait proxénète de mineures.

Pour elle, l'article 334 n'existe pas. Elle s'empare de jeunes filles, d'enfants : elle les force de prendre une carte, d'entrer dans une maison de tolérance, de ne vivre que de prostitution. C'est là une excitation à la débauche, apparemment? C'est une corruption de la jeunesse? l'habitude visée par le Code s'y trouve ? qu'importe ? C'est la police qui agit. La magistrature ne s'avise pas de supposer que la loi soit applicable à la police.

Ces mêmes magistrats parlent volontiers du respect de la loi.

Sur le registre commencé en 1796, on voit un grand nombre de jeunes filles de dix, douze, quatorze, quinze, seize ans. Un rapport fait au préfet de police en 1817 le constate.

Le règlement du 20 vendémiaire an XIII (12 octobre 1804) portait : « Il ne sera enregistré aucune fille qui ne paraîtrait pas nubile. » Les profonds jurisconsultes de la préfecture de police en ont déduit qu'ils avaient le droit d'inscrire les filles vers l'âge de seize ans.

M. Delavau avait d'abord fixé l'inscription des filles à dix-huit ans; mais il reconnut que cet âge était trop avancé, et il inscrivit des filles plus jeunes. M. Debelleyme, par une décision du 20 mars 1828, fixa l'âge de l'inscription à dix-sept ans. M. Mangin le reporta à vingt et un ans, mais il revint sur sa décision et enregistra lui-même de toutes jeunes filles.

Parent-Duchatelet considère que l'âge de seize

ans est l'âge légal (1); c'est l'âge adopté par le règlement italien pour l'internement des jeunes filles dans les maisons de tolérance.

De 1816 à 1832, sur 12,550 filles inscrites, 2,813 avaient été enregistrées avant l'âge de dix-huit ans, 6,274 avant la fin de leur vingtième année.

Mais, d'après un tableau publié par Parent-Duchatelet, la police avait inscrit, sur ses registres, comme prostituées, en 1832, vingt jeunes filles de quatorze ans, six de treize ans, trois de douze ans, trois de onze ans, deux de dix ans! (2)

Aujourd'hui, nous voulons bien croire qu'il n'y a plus d'enfants de dix ans inscrites à la police, mais il y a des mineures au-dessous de dix-huit ans; la Préfecture de police l'avoue.

Dans la période décennale de 1857 à 1866, sur 4,097 filles nouvellement inscrites à Paris, on comptait :

Filles ou femmes âgées de plus de vingt et un ans	2,743
Soit 67 p. 100.	
Mineures.	1,354
Soit 33 p. 100.	
	4,097

Sur ces 1,354 mineures, on en comptait au-dessous de dix-huit ans, 302, et au-dessus de dix-huit ans, 1,052.

(1) Parent-Duchatelet, t. I, p. 92.
(2) Parent-Duchatelet, t. I, p. 92.

Voici, du reste, le relevé officiel, de 1855 à 1880, du nombre d'inscription de mineures pour Paris :

(1) Années.	Majeures inscrites dans l'année.	MINEURES INSCRITES DANS L'ANNÉE. De 16 à 18 ans.	De 18 ans accomplis.	Chiffre total.	Chiffre total des inscriptions.
1855	354	75	182	257	611
1856	376	75	208	283	659
1857	328	58	156	214	542
1858	258	51	134	185	443
1859	303	60	144	204	507
1860	273	20	95	115	388
1861	260	29	108	137	397
1862	322	24	97	121	443
1863	264	9	106	115	379
1864	279	18	67	85	364
1865	222	13	76	89	311
1866	225	16	82	98	323
1867	206	20	104	124	330
1868	237	23	80	103	340
1869	283	22	65	87	370
1872	732	122	160	280	1,019
1873	643	138	188	326	969
1874	687	152	174	326	1,013
1875	641	123	149	272	913
1876	424	75	115	190	614
1877	398	63	92	155	553
1878	451	59	114	173	624
1879	257	manque	manque	manque	manque
1880	345	id.	id.	id.	id.
1881	manque	id.	id.	id.	id.
1882	id.	id.	id.	id.	id.

(Refus de communication de pièces par M. le préfet Camescasse.)

(1) Commission de la Police des mœurs : Déposition de M. Coué, 3e séance, p. 31. — V. *Questionnaire adressé au Préfet de*

Dans ce tableau, la police inscrit l'âge de seize ans comme le minimum. Cependant un procès nous a montré, en 1877, une jeune fille de quinze ans, enlevée par un tailleur, et livrée ensuite par lui à une maison de tolérance du quartier des Halles, où elle avait vécu quelque temps (1). La police l'avait inscrite sans protestation.

M. Camescasse avait déclaré (2) que la police n'inscrivait plus de mineures. On sait que pour les agents de tous les degrés, le mensonge est une qualité professionnelle. M. Kuehn déclarait à un rédacteur du *Matin* (3) qu'il venait de faire inscrire une jeune fille de seize ans.

Ces bonnes habitudes peuvent d'autant moins se perdre que M. Camescasse déclarait en même temps que le plus grand nombre des constatations de la police tombait sur des mineures.

Si on ne les inscrit pas, à quoi bon ces constatations?

Si ce sont les mineures, comme le disent les médecins de la police, qui, au point de vue de la salubrité présentent le plus de danger, que devient

police (7e Commission, séance des 8 et 10 décembre 1881), p. 18.
Rapport de M. Fiaux au Conseil municipal au nom de la Commission spéciale de la Police des mœurs.

(1) *Bien public*, 18 décembre 1877.

(2) 10 décembre 1881.

(3) Juillet 1885.

le système, puisque ce sont elles qu'on laisse « vaquer librement ? »

M. le Dr Desprez a obtenu du ministère de l'intérieur une statistique, fort inexacte d'ailleurs, du chiffre des prostituées en France : mais nulle part on n'a établi la distinction entre majeures et mineures. Elle eût cependant été utile à connaître.

Dans une période de six ans, à Bordeaux, de 1855 à 1860, sur un total de 1,004 prostituées, 206 ont été inscrites avant l'âge de vingt et un ans (1).

Sur 3,584 prostituées inscrites au bureau des mœurs de Marseille, pendant la période de dix années, 1873-1882, on trouve comme mineures (2) :

Age.	Nombre.
—	—
14 ans	1
15 —	12
16 —	35
17 —	56
18 —	78
19 —	89
20 —	103

A Bruxelles, en 1881, des enfants étaient encore livrées à la prostitution dans des maisons de tolérance avec la connivence de la police.

(1) Jeannel.

(2) Dr Mireur. *La Prostitution à Marseille*, p. 158.

A Bruxelles, dans une maison de tolérance, située 42, rue Saint-Jean-Népomucène, il y avait, l'année dernière, une enfant de douze ans séquestrée, livrée de force à des clients.

Rue du Persil, n° 3, se trouvait une jeune fille âgée de treize ans.

Au mois d'octobre 1881, rue du Pilote, dans une maison de tolérance, il y avait des petites filles de douze à treize ans.

Une madame Constance avait l'habitude de fournir des enfants de douze à quatorze ans.

Une madame Hortense tenait dans la rue Gamberot une splendide maison, où elle mettait à la disposition de ses clients des enfants de dix, onze et douze ans.

M. X..., de Saint-Pierre-lès-Calais, déclarant qu'au besoin il se nommerait, raconte que dans la maison de Mme Van Humbeck, on lui offrit un jour une enfant âgée de treize ans.

M. Dyer dit avoir vu, rue Pachéco, une petite fille qui n'avait pas plus de douze à treize ans.

Le commissaire en chef de Bruxelles, M. Lenaërs, avait légitimé, dans son rapport du 1er février 1876, l'inscription des filles mineures :

« Elle doit non seulement être punie de ce fait », mais encore être inscrite, dit-il; de sorte que pour punir une fille de s'être prostituée, il faut la condamner à se prostituer davantage; en vertu de cette logique, pour punir un voleur d'avoir volé, il faudrait le condamner à voler toujours; un assassin d'avoir tué, le forcer de multiplier les assassinats!

Nous avons vu que la police belge avait poussé si loin son zèle dans ce sens qu'elle n'inscrivait pas seulement des mineures qui s'étaient prostituées, mais même des mineures vierges. Une décision du Collège échevinal lui donnait toute latitude, sous ce rapport, comme le constatait M. Schröder dans le procès des proxénètes.

Le parquet, paraît-il, qui ignorait que ce délit fût commis d'une façon permanente et ouverte dans la ville de Bruxelles, écrivit à M. Buls, faisant les fonctions de bourgmestre, pour lui demander des explications.

M. Buls répondit par une lettre du 13 décembre 1880, dans laquelle, invoquant l'article 96 de la loi communale, qui donne au Collège des Échevins le soin de prendre les mesures propres à assurer la santé, la moralité et la tranquillité publiques, et de faire à ce sujet tels règlements, qu'il juge nécessaires et utiles, il concluait que le règlement n'avait point distingué, à bon droit, entre les majeures et les mineures. « Ces mesures sont-elles légales? il nous est permis de le croire, disait-il, puisque notre règlement n'a pas été annulé jusqu'ici. »

Il ajoutait :

« Nous avons tout lieu d'appréhender que si l'administration, se conformant aux vues du parquet, empêche les prostituées mineures d'exercer leur métier dans les maisons de débauche et les maisons de passe, la surveillance de la police ne devienne tout à fait inefficace, que par suite la prostitution clandestine ne se développe dans des proportions considérables et que le but louable que vous vous proposez ne soit tout à fait manqué. Nous vous prions, Monsieur le Procureur du Roi, de peser ces observations avant de vous opposer à l'exécution des mesures que nous avons crû devoir prendre dans un intérêt général qui mérite considération.

« Nous sommes convaincus, en tous cas, que vous n'hésiterez pas à reconnaître que la police de Bruxelles n'a encouru aucun blâme en admettant l'application aux filles mineures des articles 14 et 22 de notre ordonnance sur la prostitution, attendu qu'elle a agi en conformité des intentions qu'avaient dictées ces dispositions. »

En fait, le parquet donna raison à sa thèse, puisqu'il ne poursuivit pas le bourgmestre, puisqu'il ne poursuivit pas les échevins, et se contenta des tenanciers. On les prit comme boucs émissaires, et cependant ils pouvaient arguer de leur bonne foi. Un des prévenus répondait au président, qui lui reprochait d'avoir reçu chez lui une fille mineure dont toute l'apparence dénotait la grande jeunesse : « Pourquoi lui aurais-je fait une « observation, puisque M. le commissaire ne lui « en faisait pas? »

En réalité, sous prétexte de justice, on profitait de ce que ces gens étaient de mauvais drôles, n'inspirant d'intérêt à personne, pour commettre une injustice à leur égard.

C'est également la jurisprudence française, sur laquelle les deux arrêts suivants « jettent la plus vive lumière : »

Attendu que le prévenu d'attentat aux mœurs pour avoir habituellement facilité la débauche d'une jeune fille au-dessous de vingt et un ans, ne peut être acquitté de ce délit par le motif que cette jeune fille était inscrite à la police, et qu'ainsi le prévenu était fondé à croire qu'elle avait plus de vingt et un ans. (Arrêt de la chambre criminelle de la Cour de cassation. Dalloz, *Recueil de Jurisprudence*, titre II, art. 345.)

Jugé de même que les livrets remis par la police aux filles publiques ne sont que la suite d'une mesure sanitaire qui ne leur donne point le droit de se livrer à la débauche. Dès lors une femme prévenue d'avoir favorisé la débauche de deux filles mineures ne peut être renvoyée de la plainte sur le motif que ces filles étant munies de livrets lorsqu'elles se sont présentées chez elle, elle a pu ne pas se croire obligée de s'enquérir de leur âge. (5 février 1830. Douai, *Ministère public contre Clément.*)

Toutefois, ces contradictions sont assez rares.

M. Lecour, ancien chef de la police des mœurs à Paris, dans son livre sur la *Prostitution*, dit avec raison :

« La maîtresse de maison est soustraite en fait, sinon en droit, à l'application de l'article 334 (1). »

Nous avons parlé de cette jeune fille de 15 ans, inscrite à Paris dans une maison de tolérance, en 1877. Le séducteur fut poursuivi par le père pour détournement de mineure : il ne vint à personne l'idée de poursuivre la tenancière (2).

Dans un autre procès, une malheureuse petite négresse de quinze ans racontait son odyssée de misère. Elle avait été envoyée dans une maison de prostitution à Fécamp. Le tenancier s'était borné à lui dire : — « Tu diras à la police que tu as dix-huit ans. » La police s'était contentée de cette déclaration.

Dans son réquisitoire écrit, au sujet de l'affaire de la rue Duphot, le procureur de la République déclarait que « les habitudes professionnelles des

(1) Lecour, p. 164.
(2) *Bien public*, 18 décembre 1877.

proxénètes en maison échappent à la vindicte des lois (1). »

A partir du jour de leur enregistrement, la police les force donc à vivre uniquement de la prostitution. En vertu de l'article 334, le préfet de police devrait être traduit demain en police correctionnelle en compagnie de tous les commissaires de police des villes de France où le système est en vigueur. Bien plus, si elles ne sont pas dans leurs meubles, la police les contraint d'entrer dans une maison de tolérance. Non seulement elle les excite à la débauche, mais encore elle commet sur elles un attentat à la pudeur permanent, en les remettant entre les mains d'une matrone qui les oblige de se livrer à la prostitution. En vertu des articles 331, 332 et 333 du Code pénal, tous les préfets de police auraient dû aller au bagne.

M. Lecour disait que : « Rien n'est plus grave et n'engage plus la responsabilité de l'administration que l'inscription d'une fille mineure (2). »

La police avec ses habiletés hypocrites a trouvé divers procédés pour échapper à cette responsabilité.

A Lyon, les filles mineures ne sont inscrites ni sur leur demande ni d'office, elles sont seulement

(1) 13 mars 1881.
(2) Lecour, p. 164.

tolérées, quand on ne peut pas mieux faire, et alors soumises aux visites sanitaires, comme les filles inscrites. Mais elles ne peuvent être admises dans les maisons publiques.

M. d'Haussonville, fort sympathique à la police des mœurs, dont les agents lui avaient fourni des renseignements, a indiqué clairement le moyen unique dont se sert la police de Paris pour ne pas se compromettre : « Quand il s'agit d'une mineure, on lui fait signer sa demande d'inscription qui dégage la responsabilité du fonctionnaire vis-à-vis des tiers (1). »

Voici, d'après M. Jeannel, la formule d' « inscription d'une fille mineure à Bordeaux sur sa demande (2) : »

Laquelle déclare se livrer à la prostitution clandestine et ne pas vouloir chercher ailleurs ses moyens d'existence;

Vu ...... rapports motivés par son inconduite;

Vu le refus de ses parents de s'occuper d'elle;

Vu un exéat de l'hôpital des vénériens;

Vu l'acte de naissance de la susnommée;

Vu l'autorisation préfectorale;

Vu l'inutilité de nos conseils.

(1) Garin, *Police sanitaire*, p. 133.

(2) *Revue des Deux-Mondes*, 15 juin 1878, p. 903. *L'Enfance à Paris*.

M. Delvau parle de la prudence de la police.

« L'inscription ne peut avoir lieu avant l'âge de seize ans révolus; et encore si cet âge n'est pas assez visible, on fait attendre un an, deux ans, le temps nécessaire enfin pour que la jeune fille n'ait plus l'air d'un enfant (1). »

J'admire toujours les précautions, les attentions et les malices de la police : elle ne se doute pas un seul moment qu'il y a des engagements qui n'engagent que la responsabilité de ceux envers qui ils sont contractés, sans engager celui qui les contracte. Si vous vous vendez comme esclave, c'est votre acheteur qui est coupable.

Or ici, elle demande la vente d'une femme, d'une mineure, d'une enfant, qui ne pourrait légalement prendre part au plus modeste contrat, signer un billet à ordre; mais, comme il ne s'agit que de la livraison de sa propre personne, de sa soumission aux caprices de la police, de son acceptation de ce viol périodique qui s'appelle la visite, les profonds et scrupuleux légistes de la police prennent la signature, la déclarent valable et affirment avec aplomb qu'elle dégage leur responsabilité!

Une jeune fille mineure ne peut se marier jusqu'à vingt et un ans sans le consentement de

(1) *Paris-Guide*, t. II, p. 1881.

ses parents; elle ne peut se marier ensuite qu'en leur faisant des sommations légales. Mais quand il s'agit de contracter mariage avec le public, la police se contente de sa simple adhésion.

Il me semble que devant ces faits, ces enfants de dix ans inscrits sur les registres de la police, ces attentats à la pudeur commis avec violence par la lourde main de la police, cette contradiction flagrante des procédés de la police et de la loi, les faits révélés par *la Pall Mall Gazette* pâlissent.

A Londres, ce sont des proxénètes privées qui agissent : en France, en Belgique, la police se fait proxénète publique!

QUATRIÈME PARTIE

PROTECTION DES MINEURES

I

La séquestration

— Que voulez-vous que nous en fassions? répondait la police.

La police ne connaît pas d'autre solution que la prison. J'ai décrit dans la *Prostitution* les horribles cages, en treillis de fer, dans lesquelles elle enfermait, à Saint-Lazare, les enfants et les jeunes filles dont elle se chargeait de prendre soin.

Quelques-unes de ces jeunes filles étaient renvoyées dans les refuges des Dames du Bon-Pasteur, des Dames dominicaines à Châtillon.

Je n'hésite pas à le dire : il vaudrait encore mieux pour la plupart de ces jeunes filles être livrées à tous les hasards de la vie que d'être enfermées dans ces bagnes.

Pour eux, la loi sur le travail des enfants dans les manufactures n'existe pas; les jeunes filles qui y sont renfermées doivent produire pour la communauté. On les condamne aux spécialités. On les fait travailler de cinq heures du matin à sept heures du soir, en été; de six heures du matin à neuf heures du soir, en hiver. Ce temps est à peine coupé par des repas absolument insuffisants.

Enfin, ces religieuses veulent chasser l'esprit du mal en mortifiant le corps. Quelques procès nous ont révélé les tortures auxquelles des institutrices congréganistes ont soumis des jeunes filles. Ils nous permettent de supposer que les religieuses cloîtrées, renfermées, ayant affaire à de petites filles qu'elles considèrent comme de petites damnées, ne se gêneront pas. Me dira-t-on que cette induction n'est pas légitime? Je répondrai par des faits.

Il y a à Rennes le Refuge de Saint-Cyr, dit Maison de Filles repenties. J'ai vu des jeunes filles qui en étaient sorties, et qui étaient devenues domestiques. Toutes racontaient que surmenées de travail, épuisées de besoins, elles étaient conduites comme des négresses par un planteur. On les forçait de porter de l'eau pour arroser le jardin : une religieuse, armée d'une lanière, les faisait marcher; si elles tombaient, elle les relevait à coups de lanière. On a parlé des matrones romaines, qui enfonçaient leurs épingles dans le sein de leurs esclaves : il y avait, dans cette maison, une religieuse qui enfonçait des aiguilles dans les joues des jeunes filles!

Ces jeunes filles étaient gardées là jusqu'à vingt et un ans. La maison ne les lâchait pas avant qu'elles ne lui eussent rendu en travail tout le profit possible. Elles sortaient, de là, déprimées, abruties, le ressort brisé, ignorantes de tout, sans volonté, sans initiative; et elles allaient peupler les maisons de tolérance. Elles ne faisaient que changer de couvent et de joug.

On trouve cette férocité chez les protestants comme chez les catholiques. Il y a quelques années, dans un refuge de Lausanne, une jeune fille, par punition, fut enfermée dans un cachot, où elle eut les pieds gelés.

Comparés à certains exploiteurs de philanthropie, les négriers étaient de petits saints; ils avaient au moins le mérite de n'être pas hypocrites (1).

Ne compter que sur la philanthropie privée

(1) V. dans la *Lanterne* du 15 décembre 1882, ma description des établissements de M. G. Bonjean. Je crois que le gouvernement, après une tolérance criminelle de sa part, va enfin en faire justice.

est donc ajouter un danger, et, dans certains cas, ce danger est pire que celui de l'abandon et du délaissement.

II

Impuissance de la répression

On croit qu'il suffit d'inscrire dans le Code pénal un article pour avoir résolu toutes les questions.

Si le châtiment avait une vertu si efficace, il y a longtemps que les enfers, inventés par les diverses religions, auraient supprimé le mal de la terre.

Les enfers terrestres, si épouvantables qu'ils soient, n'ont pas plus résolu cette question que les autres.

La statistique judiciaire prouve qu'ils opposent une barrière très faible aux mobiles qui déterminent les actions humaines.

NOMBRES ANNUELS MOYENS PAR PÉRIODE QUINQUENNALE

de 1826 à 1880

DES CRIMES ET DÉLITS CONTRE LES MŒURS JUGÉS CONTRADICTOIREMENT

CRIMES CONTRE LA MORALE

	1826 à 1830	1831 à 1835	1836 à 1840	1841 à 1845	1846 à 1850	1851 à 1855	1856 à 1860	1861 à 1865	1866 à 1870	1871 à 1875	1876 à 1880
	—	—	—	—	—	—	—	—	—	—	—
Viols et attentats sur des adultes.	137	123	144	174	183	203	203	191	137	125	108
Viols et attentats sur des enfants.	135	152	240	346	420	592	684	751	737	726	791
Enlèvements de mineures.	15	9	8	11	12	14	11	10	8	12	8
Outrage public à la pudeur.	302	300	450	671	841	1,430	2,155	2,642	2,208	2,295	2,572
Attentats aux mœurs en favorisant la débauche.	113	95	157	146	190	265	284	307	237	299	281

En dépit de la législation, il y a donc permanence des crimes et des délits de même ordre, dans un même milieu.

Le chiffre des viols et des attentats sur les adultes reste à la fin de la période ce qu'il était au commencement. Le nombre des attentats sur les enfants s'élève tout d'un coup de 1836 à 1840. C'est qu'en 1832, l'article 331 est introduit dans le Code, frappant l'attentat sans violence à l'égard de l'enfant âgé de moins de 11 ans. De 1861 à 1865, le nombre des crimes augmente : c'est qu'en 1863, la loi a élevé l'âge à 13 ans. La répression n'a pas changé les mœurs, elle a seulement augmenté les condamnations.

On voit une progression considérable des délits d'outrage public à la débauche. Cela prouve-t-il que la génération de 1880 soit moins décente que celle de 1826? je crois le contraire. Seulement, la police appelle outrage public à la débauche tel fait qui n'était pas considéré comme tel autrefois.

Voici un tableau qui mérite une sérieuse attention :

	1841 à 1850	1861 à 1865	1876 à 1880
Outrage public à la pudeur dont les auteurs ont été jugés.	841	2,642	2,572
Impoursuivis.	318	800	1,087

On sait que les procureurs de la République et les juges d'instruction ont de terribles tenailles qui ne lâchent pas facilement les prévenus ou accusés remis entre leur mains; cependant ils ont relâché presque un tiers des prévenus. Et pourquoi? parce que le délit est variable; parce qu'il y a des dénonciateurs et des agents de police de tout ordre qui, même aux yeux des magistrats, sont trop prompts à accuser et à poursuivre.

Mais voici des chiffres encore plus significatifs. Il s'agit de crimes :

	1846 à 1850	1861 à 1865	1876 à 1880
Viols et attentats à la pudeur dont les auteurs ont été jugés	603	942	899
Impoursuivis	697	1,179	1,036

Ici, la proportion est changée. Il y a plus d'impoursuivis que de jugés. Qu'est-ce que cela prouve? Le crime est élastique : la marge pour l'appréciation est grande. Des crimes de ce genre sont souvent des instruments de chantage à l'usage de prétendues victimes.

Cette induction s'appuie sur les motifs de l'abandon des poursuites, pour la dernière période :

Pour 325, les faits ne constituaient ni crimes ni délits;

Pour 48, les faits étaient sans aucune gravité;
Pour 360, les charges étaient insuffisantes contre les auteurs désignés;
Pour 220, il y avait défaut de preuves de l'existence du délit, ou aliénation mentale de l'inculpé;
Pour 83 seulement, les auteurs sont restés inconnus.

Ces chiffres montrent deux choses :

L'inefficacité de la répression; les dangers qu'elle peut provoquer. Ils doivent donc inspirer la plus grande prudence au législateur.

Avec l'intention de sauver certaines gens, il faut prendre garde d'en perdre d'autres.

III

Difficultés de la question

Les enfants appartiennent à leurs père et mère. Voilà le principe.

Certains pères et mères, indignes, font de leurs enfants de petits martyrs. Ils les envoient dans la rue, puis les attendent tranquillement chez eux ou chez le marchand de vin. L'enfant doit rapporter le soir une certaine somme.

Comment doit-il se la procurer? Peu importe. Qu'il emploie tous les moyens, c'est son affaire. S'il n'a pas la somme, il est roué de coups ou soumis à des supplices de toutes sortes. Ces misérables parents doivent être assimilés à des possesseurs d'esclaves. Les pauvres êtres qu'ils exploitent doivent leur être enlevés. Pas de doute.

D'autres parents, alcooliques, demi-aliénés, se font un jeu des tourments qu'ils infligent à leurs enfants ; on doit leur arracher ces martyrs. Pas de doute.

Mais d'autres difficultés se présentent.

A la commission du Sénat qui étudiait le projet de loi de M. Théophile Roussel, pour la protection des enfants abandonnés, délaissés ou maltraités, M. Schœlcher appela l'attention sur une loi du 2 août 1880, votée en Angleterre, comme amendement à la loi du 10 août 1866, sur les Écoles industrielles.

« Tout enfant, au-dessous de l'âge de quatorze ans, qui est trouvé logeant, vivant ou résidant avec des filles publiques, ou dans une maison où vivent ou que fréquentent des filles publiques, dans un but de prostitution, ou qui fréquente la maison de prostituées, peut être traduit, par une personne quelconque, devant le magistrat, qui peut l'envoyer dans une école industrielle. »

La majorité de la commission décida « d'écarter provisoirement » l'adoption d'une disposition analogue.

Elle fit bien.

La campagne de *la Pall Mall Gazette* vient de démontrer que cet amendement, quoique datant de cinq ans, n'a pas empêché le commerce de Mme Jeffries et de MM^mes X... et Y...

En revanche, il a donné lieu aux abus les plus graves.

Je n'en cite qu'un : l'affaire Atkins (1).

Rébecca Atkins était une petite fille de treize ans, vivant avec son père, sa mère, un frère âgé de neuf ans, et sa sœur aînée, dans Lamont-Road, à Chelsea.

Le père était homme de peine; la mère, lavandière : l'enfant vivait chez un frère, marié depuis huit ans, parfaitement honorable. Elle fut arrêtée dans la rue par M. Lawrence, un des agents de l'*Industrial school*, du *School Board* de Londres, au moment où elle se promenait avec un enfant. Elle fut conduite au poste de *Westminster police court*. Le magistrat de service, ce jour-là, ne parut pas convaincu que, parce que cette enfant en promenait un autre dans la rue, elle dût nécessairement

(1) Voir le *Journal of the vigilance Association*, 15 juin et 15 juillet 1881.

être enlevée à ses parents. Il l'envoya au workhouse provisoirement.

Sa mère, informée par hasard de cette arrestation, ne fut pas admise à voir son enfant. La petite fille comparut devant un autre magistrat, qui l'interna dans une école de Manchester, jusqu'à l'âge de seize ans.

La mère protesta. En vain. On lui enlevait sa fille. On l'expédiait si loin qu'elle ne pourrait plus la voir!

L'administration lui répondit avec placidité qu'il n'y avait pas de place ailleurs, et que, par conséquent, elle n'avait qu'à en prendre son parti. On ne permit même pas à la mère de l'embrasser. On permit seulement au père de la voir le soir, un moment, au workhouse, et de lui donner des habits propres.

La pauvre enfant, ainsi arrachée aux siens, pleurait; mais elle était dans son tort, puisqu'on l'arrachait à sa famille pour sauver sa moralité! La mère avait tort de pleurer; le père avait tort de se désespérer.

La maison à Lamont-Road était une maison pauvre. Si cette famille eût vécu dans un hôtel de Grosvenor square, l'inspecteur Lawrence n'en aurait point arraché la petite fille. Mais les lois protectrices sont faites surtout contre les pauvres. C'est pour leur salut qu'on enlève les enfants à des pères et à des mères qui ne sauraient bien les élever, puisqu'ils ne vivent pas dans des logements confortables.

Autrefois, esclaves et serfs étaient soumis à de telles exigences. Cela nous paraît odieux. Maintenant, ces mêmes exigences subsistent ou se reconstituent. Mais il y a une grande différence. La loi prend les cœurs des mères, des pères, des enfants, les déchire et les broie, brise les liens naturels qui attachent les petits à leurs parents : c'est dans leur intérêt, c'est pour la morale; droit des classes dirigeantes sur les classes à diriger, des êtres supérieurs sur les inférieurs. Et cette féodalité se couvre du masque de la démocratie!

Il suffit des caprices d'un agent quelconque, un M. Lawrence; et une famille est anéantie!

Ce qu'a pu faire l'arbitraire de cet agent, l'arbitraire d'en haut peut le réparer : un ordre du ministre de l'intérieur suffit pour rendre l'enfant à ses parents. Fit-il une enquête? s'informa-t-il? Pas plus que le magistrat qui avait exilé la petite fille. Il apprit que la *Vigilance Association* s'occupait du fait; et pour éviter une interpellation au Parlement, sans s'inquiéter de la petite fille, il donna une signature de relaxation (1).

Sans la *Vigilance Association*, la petite fille serait restée internée.

(1) *Journal of the vigilance Association*, 15 juillet 1881.

Tout le monde connaît l'histoire du petit Mortara. Dans la protestante Angleterre, *l'Industrial Schools Act* a permis d'envoyer un petit garçon, né de parents protestants, dans un refuge catholique. C'est arrivé à Glasgow, en 1882. L'enfant s'appelait Robert Steen (1).

Cela n'empêche pas des protestants fanatiques, comme miss Hopkins, de demander que l'État, les villes, s'emparent de tous les enfants, surtout pauvres (2).

On voit bien qu'elle n'est pas mère !

Autrefois, les catholiques enlevaient leurs enfants aux juifs et aux protestants, sous prétexte de les sauver de l'enfer et des mauvaises doctrines : cela nous révolte ! Le changement du prétexte suffit-il pour supprimer l'horreur du procédé?

IV

Solution

Grâce à l'initiative de M. Thulié et de M. Moring, ancien directeur de l'Assistance publique, au

(1) *Journal of the vigil. Ass.*, 15 janvier 1883.

(2) V. *Protestation des Dames de Leeds* contre l'*Industrial Schools Act Amendment Acts*, mars 1883.

zèle de M. Brueyre, chef de division des Enfants assistés, le Conseil général a créé un service d'*enfants moralement abandonnés* pour lequel j'aurais préféré un autre titre, mais qui a rendu déjà les plus grands services.

Malheureusement, il ne s'applique guères qu'aux enfants mâles. On n'a, jusqu'à présent, presque rien fait pour les petites filles, parce qu'elles sont les plus malheureuses et les plus difficiles à placer. Ce n'est pas une raison pour garder cette réserve. Au contraire.

La Commission de la police des mœurs, nommée par le conseil municipal, étudia cette question, et, le 16 août 1883, proposa la solution suivante.

Nous l'empruntons, presque textuellement, au remarquable rapport présenté par M. le Dr Fiaux, le 16 avril 1883.

Cette commission se composait de M. Sigismond Lacroix, président; Dr Bourneville, secrétaire; Cusset, Dubois, Yves Guyot, Hovelacque, Dr Level, Dr Levraud, Dr Georges Martin, Réty, Dr Thulié, Dr Fiaux.

La Commission proposait de transformer les pupilles de la prostitution et du vol en jeunes filles honnêtes et laborieuses, propres à gagner leur vie et à devenir de bonnes mères de famille (1).

(1) Voir l'excellent rapport du Dr Thulié (Conseil général, n° 31, séance du 26 décembre 1882).

Pour les jeunes filles abandonnées, il n'y a pas de difficulté.

Pour les jeunes filles exploitées et maltraitées par leurs parents, je crois que l'intervention d'un débat contradictoire est utile. La loi Roussel, sur les *Enfants abandonnés, délaissés ou maltraités*, non encore votée, est appelée à combler une lacune de notre législation, quoique je trouve qu'elle laisse une beaucoup trop grande latitude à l'arbitraire administratif.

Quant aux jeunes filles de prostituées ou vivant avec des prostituées, je ne crois pas que la loi, ni l'administration puissent intervenir. Où commence, où finit la prostitution? Sous ce prétexte, non seulement une fille naturelle vivant avec sa mère, mais une petite fille, comme la petite Atkins, peut être enlevée à ses parents. Prenez garde.

Mais les petites marchandes de bouquets du boulevard des Italiens, du boulevard Saint-Michel, des places de la République et de la Bastille, vraies racoleuses, qu'on voit souvent monter en fiacre ou dans des hôtels garnis avec des hommes d'un certain âge?

Jusqu'ici, nulle protection n'a été accordée à ces enfants. La police s'en empare, les interne dans des maisons de correction, à la troisième section de Saint-Lazare, ou les laisse sur le pavé des rues jusqu'à ce que le bureau des mœurs les mette en carte.

Le Code pénal, avec ses articles 331, 332, 333 et 334, qui frappent de peines variant de six mois de prison et de 1,000 francs d'amende à la réclusion, aux travaux forcés à perpétuité, les auteurs et complices des attentats à la pudeur, suffit amplement, à ce point de vue, à la protection de l'enfance.

La circulaire que M. Lœw, procureur de la République, adressa le 13 février 1882, à tous les commissaires de police de Paris, invite ces fonctionnaires à faire surveiller et arrêter ces enfants, à dresser, en vertu des articles 2 et 3 de la loi du 7 octobre 1874, procès-verbaux contre les parents et gens sans aveu qui les exploitent et vont jusqu'à les louer à des individus faisant métier de la mendicité.

Mais l'important, en ces matières, c'est l'avenir même des enfants. Les mesures répressives, employées aujourd'hui à leur égard, ont pour unique résultat de préparer plus sûrement et de hâter leur déchéance morale définitive.

Il faut substituer pour les filles, comme le Conseil général l'a fait pour les garçons, l'action exclusive de l'Assistance publique à l'état de choses actuel.

La Commission est tombée d'accord sur l'âge des enfants à qui la protection du Conseil municipal doit être ainsi accordée. Au-dessous de treize ans et même de quinze ans, âge auquel la loi reconnaît la fille capable de contracter mariage, il ne peut y avoir de doute.

La Commission s'arrêta à l'âge de dix-huit ans, qui lui parut offrir à une tutelle moralisatrice une durée assez longue pour que l'enfant fût suffisamment armée contre la paresse et le vice.

M. le directeur de l'Assistance publique, alors M. Quentin, déclara que l'Assistance publique était toute disposée à appliquer le système qui lui était proposé. Quelques essais avaient déjà été tentés par lui, dans ce sens.

Lors de la création du service des Enfants moralement abandonnés, une lettre fut adressée au Préfet de police pour l'engager à envoyer directement à l'Administration hospitalière, sans les faire passer par le Dépôt, toutes les filles mineures qui auraient été arrêtées par ses agents pour délit de vagabondage, de mendicité ou autre. L'Assistance publique en recueillit ainsi quelques-unes, poursuivies notamment pour avoir vendu des fleurs sur les boulevards ; elles furent envoyées dans un établissement de la Drôme où leur conduite a été des plus louables.

C'est donc, en réalité, une simple extension qu'il s'agit de donner au service des Enfants moralement abandonnés.

L'organisation actuelle serait remaniée de manière que, par un triage préalable, la moralité des enfants destinées à vivre ensemble fût adéquate. Il ne serait naturellement pas question de faire des catégories parquées et tenues à l'écart comme des brebis galeuses; seulement trois classes seraient instituées. Dans la première, figureraient les jeunes filles dont la chasteté serait reconnue intacte et dont la bonne conduite serait confirmée. Dans la seconde, seraient placées celles qui auraient besoin d'une surveillance plus étroite. Dans la troisième, enfin, celles dont la moralité devrait être absolument redressée.

Cette troisième classe serait donc plus particulièrement destinée à recueillir les enfants dévergondées ramassées sur la voie publique, et pourrait également recevoir les jeunes filles indisciplinées qui font déjà partie du service des Enfants-Assistés : dans cette véritable école de réforme et d'éducation où la discipline serait plus sévère que dans les deux autres classes, ces enfants apprendraient un métier, recevraient un enseignement approprié et recueilleraient le salaire de leur travail, comme cela se pratique, du reste, à Villepreux et à Montévrain.

Pour l'organisation de cette œuvre, le Conseil général ferait bien de prendre conseil de Mesdames Bogelot et Caroline de Barrau qui, dans l'*Œuvre des libérées de Saint-Lazare*, ont obtenu les meilleurs résultats avec très peu de ressources. Il ferait bien aussi de se rappeler le projet présenté à la Commission de la police des mœurs, en 1879, par Mme Émilie de Morsier, sous le titre : *Œuvre laïque des mineures.*

Une telle extension donnée au service des Enfants moralement abandonnés serait-elle trop importante pour pouvoir être supportée par les finances de la Ville?

D'après diverses indications, le directeur de l'Assistance publique estimait que le nombre des jeunes filles de cette catégorie ne s'élèverait pas à plus de 300.

Au moment où j'écris ces lignes, le *Journal officiel* du 28 juillet 1885 promulgue la loi ayant pour objet d'autoriser la location, au profit du département de la Seine, du domaine d'Yseure (Allier). Il avait été question dans la Commission de l'affecter, au moins en partie, à cette œuvre.

Je me permets de le rappeler à mes anciens collègues du Conseil général.

J'insistai (1) dans la Commission pour qu'on ne commît pas les errements du Bon-Pasteur et autres refuges. Les jeunes filles qui sortiront de là doivent avoir un métier qui les mette à même de

(1) Séance du 2 mars 1883.

vivre à Paris. Il ne faut pas se le dissimuler, la plupart garderont l'esprit de retour.

Le rapport du Dr Fiaux a été déposé au mois d'avril 1883. Comme il a été impossible au Conseil municipal de s'entendre avec la Préfecture de police; comme celle-ci a refusé de l'étudier; comme elle ne sait que continuer, sous M. Gragnon, j'ai le regret de le dire, comme sous M. Camescasse, comme sous M. Andrieux et leur quarante prédécesseurs, ses agissements aussi immoraux qu'illégaux, aussi inutiles qu'arbitraires, il en résulte que la solution de la question de la police des mœurs, donnée par la Commission, reste sur le papier : et on s'étonne que, lorsque le Conseil municipal, voit ainsi traiter ses travaux, ses études, ses efforts d'humanité et de justice, par cette administration, dont toute l'histoire n'est qu'une longue infamie, dont toute l'œuvre n'est qu'une œuvre de démoralisation à tous les points de vue, il ne soit pas content! Il faudrait vraiment qu'il eût bon caractère.

Je remets sous les yeux du public le projet de délibération de la Commission de la police des mœurs afin qu'il puisse juger sur cette question entre la Préfecture de police et le Conseil municipal :

LE CONSEIL,

Considérant que l'institution actuelle de la Police des mœurs ne repose sur aucune base légale;

Considérant que, malgré les innombrables attentats annuels contre la liberté individuelle, elle n'a pu produire les résultats qu'elle visait au double point de vue de la diminution des maladies syphilitiques et de la surveillance des délits de droit commun, attentats aux mœurs, etc.;

Considérant que la prostitution n'est ni un crime, ni un délit, non plus que la syphilis;

DÉLIBÈRE :

ARTICLE PREMIER. — Sont supprimés, à partir du 1er janvier 1884 :

1° Le 2e bureau de la 1re division de la Préfecture de police, dit bureau de la Police des mœurs;

2° La brigade de la Police des mœurs, incorporée le 9 mars 1881 au service de sûreté;

3° Le dispensaire de salubrité de la Préfecture de police;

4° La 2e section de la prison de Saint-Lazare et l'infirmerie spéciale de ladite prison.

ART. 2. — Le Préfet de police est invité :

1° A étudier un système d'organisation qui substitue les gardiens de la paix et les commissaires de police de quartier aux agents actuels de la Police des mœurs, pour ce qui concerne la police d'ordre public à l'égard des femmes qui se livrent à la prostitution;

2° Libeller des arrêtés nouveaux touchant la prostitution, en prenant pour base exclusive les indications données dans le présent rapport, les contraventions à ces arrêtés étant désormais déférées AUX TRIBUNAUX compétents;

3° Reviser les statuts de toutes les Sociétés de secours mutuels, des grandes Compagnies, etc., de sorte que les médicaments et soins réclamés par les maladies vénériennes seront accordés comme pour toute autre maladie.

ART. 3. — L'Administration de l'Assistance publique est invitée à procéder, dans le plus bref délai :

1° A la transformation des hôpitaux du Midi et de Lourcine en hôpitaux généraux;

2° A l'élaboration de règlements qui autorisent formellement l'admission des malades vénériens dans les hôpitaux généraux;

3° A l'établissement dans les hôpitaux généraux de consultations externes avec délivrance gratuite de bains et médicaments;

4° A l'extension du service des enfants et filles mineures moralement abandonnés, en vue de prévenir le recrutement de la prostitution.

ART. 4. — Les crédits affectés au Budget spécial de la Préfecture pour le service de la Police des mœurs (bureau, brigade et dispensaire) sont et demeurent reportés au budget de l'Assistance publique dans le but de faciliter l'organisation nouvelle, à partir du 1er janvier 1884.

Ce projet assure la protection de l'enfant, la liberté de l'adulte.

Actuellement, la police, protagoniste de la vertu, croit de son devoir de régler, selon son caprice, plus ou moins intéressé, les rapports sexuels des adultes. C'est indécent.

Associée de certains proxénètes qu'elle couvre ouvertement ou clandestinement de sa protection, elle fait du protectionnisme à leur bénéfice et au sien, en poursuivant et tracassant les concurrents : œuvre moralisatrice.

Quant à l'enfance, elle a une si grande bienveillance pour elle, qu'après l'avoir mise dans une cage à singe, elle va jusqu'à lui imposer un domicile dans une maison de tolérance et lui donner une carte, brevet officiel de la prostitution autorisée : protection évidente que les gens malintentionnés seuls peuvent appeler corruption !

Je persiste à préférer le système du Conseil municipal.

Au point de vue législatif, les réformes suivantes me semblent indispensables :

Deux modifications dans l'article 334 : une aggravation et une atténuation.

Aggravation : il faut en fixer la jurisprudence, comme l'a fait l'article 379 du code belge : seulement dans un sens contraire. Le client doit être frappé comme la proxénète : le moteur comme l'agent de transmission.

Atténuation : l'âge de 21 ans est trop élevé. Si

la jeune fille est apte au mariage à 15 ans, il est inadmissible qu'elle ne soit apte à des rapports sexuels illégaux qu'à 21 ans. C'est à ses parents de la guider ou à leur défaut à elle-même de se protéger. La minorité de 25 ans, déjà réduite à 21, doit être au moins abaissée à 18 ans.

L'article 334 protège la jeune fille jusqu'à 21 ans contre la proxénète : mais, à partir de 13 ans, elle n'est pas protégée contre le séducteur ; non seulement elle n'est pas protégée contre lui, mais elle ne peut pas contracter avec lui, autrement qu'avec une autorisation des parents, pour le mariage légal, et, si la passion l'emporte sur la prudence, elle est désarmée. On peut lui faire toutes les promesses : toutes les promesses sont dépourvues de sanction. De là, tant d'abandons de jeunes filles naïves, que dis-je? de jeunes mères...

Tout individu doit être responsable de ses actes : l'acte de la paternité ne saurait échapper à cette loi.

Toutefois, il faut reconnaître que cet acte est si aléatoire que, de la part de l'auteur responsable, il n'est jamais qu'un acte de foi. Que la revendication rétrospective puisse se produire, soit : mais mieux vaut encore que la femme puisse s'assurer d'avance de la sincérité des promesses faites.

— Tu me promets le mariage : je ne t'en demande pas tant. Tu dis que tu m'adores : que signifie ce langage? Tu me demandes de me livrer à toi et de courir de ta part les chances de la maternité. Soit : je les accepte : mais veuille en prendre ta part. Signe-moi un engagement me garantissant que tu contribueras à élever mon enfant.

Aujourd'hui cet engagement est nul de par l'article 1133 du Code civil, qui annule les obligations « contraires aux bonnes mœurs. » Il paraît que s'obliger à élever l'enfant qu'on va faire est contraire aux bonnes mœurs. A l'unanimité, la jurisprudence l'a déclaré.

Qu'est-ce que cela prouve? qu'il faut biffer de l'article 1133 ces quatre mots et assimiler à toutes les autres obligations, les obligations contractées à propos de rapports sexuels. Cette simple rature donnera de la prudence aux hommes et de la sécurité aux jeunes filles.

La jeune fille, actuellement, n'a pas le droit de se protéger elle-même : il faut le lui rendre, au lieu d'essayer de lui donner une protection qui se traduit le plus souvent par une tyrannie, soit à son égard, soit à l'égard des autres.

J'ai prouvé ailleurs (1) que *la loi fondamentale du progrès politique consistait à substituer, aux arrangements d'autorité, des contrats privés.*

(1) Voir ma *Science économique.*

Cette loi est exacte pour les rapports sexuels comme pour tous les autres rapports sociaux.

Par notre système d'éducation, nos préjugés bourgeois qui empêchent le mariage d'un jeune homme avec une jeune fille pauvre, qui retardent « l'établissement régulier » jusqu'à l'âge de trente ans ; par notre système militaire, tous les jeunes Français, à l'âge le plus ardent, sont condamnés à la chasteté de saint Antoine ; par cela même, à ses tentations.

Les gens qui déclarent le célibat des prêtres impossible, peuvent-ils obliger tous les jeunes gens à rester vierges ? De là donc une fatalité pour eux : des liaisons passagères impliquant l'existence de femmes polyandres. Le meilleur moyen d'élever celles-ci à un plus haut étiage est de leur permettre de régulariser leur situation. Si leur condition est un résultat de notre organisation sociale, de quel droit les traitons-nous comme des parias ? Ah ! c'est le cas de recommander aux disciples de Jésus la parole de leur maître :

— Que ceux qui n'ont jamais péché leur jettent la première pierre !

CONCLUSION

Le système du *Criminal Law Amendment* est tyrannique. Il est rétrograde. Il est pire que les *Contagious Diseases Acts.*

Les solutions proposées par *la Pall Mall Gazette* sont en contradiction avec la formule : Liberté du vice, répression du crime.

Les jeunes filles au-dessous de 15 ans, qui, soit par leur initiative, soit à l'imitation de leurs parents, se livrent à la prostitution, doivent être considérées comme des enfants maltraitées ou abandonnées.

La protection de la municipalité ou de la loi, à leur égard, peut s'étendre jusqu'à l'âge de 18 ans.

L'article 334 doit subir deux modifications : le client, comme la proxénète, doit être frappé; l'âge de 21 ans doit être abaissé au moins à l'âge de 18 ans.

Les mots «*contraires aux bonnes mœurs*» doivent être effacés de l'article 1133 du Code civil.

La prostitution officielle, pour les majeures comme pour les mineures, doit être abolie.

Voilà le nécessaire, au moins pour le moment : car, en matière sociale, la solution de toute question pose une nouvelle question.

APPENDICE

Décision du Comité d'enquête

La Pall Mall Gazette du 29 juillet publie la note suivante :

Ce matin, à onze heures, le comité d'enquête siégeant à Mansion-House, pour vérifier la vérité des affirmations contenues dans le rapport de notre commission secrète, s'est réuni pour formuler ses conclusions et rédiger son rapport.

Tous les membres du comité étaient présents, soit : M. Samuel Morley, président; l'archevêque de Canterbury, le cardinal-archevêque de Westminster, l'évêque de Londres et M. R. T. Reid, membre du Parlement.

La séance s'est prolongée, avec quelques minutes de repos pour le lunch, jusqu'à cinq heures de l'après-midi, quand le président, en présence des autres membres, a donné lecture du jugement du comité au directeur en chef de notre commission secrète, qui représentait *la Pall Mall Gazette*.

Voici ce jugement :

Nous avons été invités à examiner la vérité des allégations contenues dans *la Pall Mall Gazette* des 6, 7, 8 et 10 juillet 1885, sous le titre de : « Rapport de notre commission secrète . »

Nous avons, en commençant, décidé d'exclure toutes les accusations contre les individualités particulières, contre certaines classes ou contre la conduite des agents de police.

Nous nous sommes strictement bornés à examiner le système de vices criminels décrits dans le rapport.

Après avoir interrogé avec soin les témoins et examiné les preuves que nous avons eues sous les yeux, sans garantir toutefois l'exactitude des détails, nous sommes arrivés à cette conclusion que, pris en bloc, les faits avancés par *la Pall Mall Gazette* sont matériellement vrais.

Signé : Edouard Benson, archevêque de Canterbury; A. Temple, évêque de Londres; cardinal Manning; Samuel Morley; R. T. Reid, avocat conseil de la Reine.

Mansion-House, le 29 juillet 1885.

Le rapport officiel revêtu des signatures a été remis au secrétaire particulier du lord-maire, qui aura à communiquer ce rapport aux journaux quotidiens.

Le comité, qui a terminé ainsi sa tâche, a siégé quatre fois : le 15, le 20, le 24 et le 29 juillet.

Les 30 et 31 juillet, la Chambre des communes a discuté le *Criminal Law Amendment.*

Tout contact illégal avec des jeunes filles âgées de moins de seize ans sera puni de deux ans de prison.

Par 125 contre 91, la Chambre a rejeté un amendement de M. H. Fowler, relatif à la peine du fouet. Le gouvernement conservateur l'appuyait naturellement.

Le paragraphe, relatif au racolage, a été écarté. L'Angleterre n'en est pas moins dotée d'une nouvelle loi qui permettra de poursuivre un individu qui aura fait des propositions à une vieille fille de soixante ans ou un domestique qui aura remis une lettre de son maître à une dame ou demoiselle pour l'engager à une « union illégale ».

L'Armée du Salut avait apporté, sur un char traîné par quatre chevaux, une pétition revêtue de 393,000 signatures, demandant l'adoption du *Criminal Law Amendment.* Il était couvert de drapeaux sur lesquels étaient écrits ces mots : Sang et feu ! devise d'une religion de paix !

Quand nous nous moquons des flagellants et autres délirants du moyen âge, nous avons tort.

C'est en vain que M. Hopwood et quelques autres membres de la Chambre des communes ont demandé l'ajournement à une prochaine session. Il a cité l'exemple du Rév. M. Hatch, condamné à quatre ans de prison pour attentat sur deux petites filles de huit et onze ans. Au bout de six mois, son innocence fut prouvée. La Chambre des communes a refusé de se préoccuper des dangers qui pouvaient résulter d'une loi d'affolement. Il semblait que le Diable fût à la porte de Westminster : il fallait le chasser à tout prix. Comme toujours, le délire de la persécution s'est résorbé en délire persécuteur.

FIN

TABLE DES MATIÈRES

INTRODUCTION

PREMIÈRE PARTIE

LA TRAITE DES VIERGES

DEUXIÈME PARTIE

LES CONSÉQUENCES DE LA CAMPAGNE

TROISIÈME PARTIE

LES MINEURES, LA LOI ET LA POLICE DES MŒURS

QUATRIÈME PARTIE

PROTECTION DES MINEURES

PARIS. — IMP. C. MARPON ET E. FLAMMARION, RUE RACINE, 26.

Contraste insuffisant

NF Z 43-120-14

www.ingramcontent.com/pod-product-compliance
Ingram Content Group UK Ltd.
Pitfield, Milton Keynes, MK11 3LW, UK
UKHW021849190726
13855UKWH00001B/233